「数値化」の魔力

〝最強企業〟で学んだ「仕事ができる人」になる自己成長メソッド

岩田圭弘

SB Creative

「1年で〝他社の10年選手〟が育つ」

これは、キーエンスについて、
まことしやかにささやかれている噂話だ。

私もそうだが、
多くのキーエンス卒業生の実感値としては、
そう外れてはいないだろう。

「そんな短期間で⁉」と驚くかもしれないが、
現実にキーエンスの社員は、
入社1年目から、
日本の平均社員の
20倍の利益を叩き出している。

では、なぜキーエンスの社員は、
こんなにも短期間のうちに
急成長できるのか？

その秘密が実は、
キーエンス社内で
独自に取り組まれている
「数値化」を使った仕事術にある。

「数値化」というと、

「管理職がチームをマネジメントするためのもの」

と思われがちだが、

〝キーエンスの数値化〟は、
単なるマネジメント手法ではない。

特定の職種のためだけの手法でもないし、
統計やデータ分析のための手法でもない。

「あらゆる職種」の
「プレイヤー」のビジネスパーソンが、
「仕事で圧倒的な結果を出すため」にこそ、
その〝魔力〟を発揮する。

使うのは四則演算のみだ。

「いまさら数値化？」と思うかもしれないが、
むしろ、変化の激しくなった今の時代にこそ、
数字で「自分の不足点」を見える化し、
改善を続ける〝キーエンスの数値化〟が
いかに強烈かということは、
同社社員たちの
圧倒的な成長スピードから明らかだろう。

どんな人材をも、
瞬《またた》く間に「仕事ができる人」に
変えてしまう――。

そんな〝魔力〟の宿る
〝キーエンスの数値化〟の世界へと、
あなたをお連れしよう。

はじめに――

なぜキーエンスの社員は10倍速で成長できるのか？

――「日本の平均の20倍の利益」を叩き出すキーエンスの社員たち

現在、その成長ぶりから注目を浴びている株式会社キーエンスは大阪府大阪市に本社を置く企業で、自動制御機器や計測機器、光学・電子顕微鏡などの開発および製造販売を行っています。

同社が近年注目を浴びているのは、その「利益率の高さ」と「給与の高さ」です。

営業利益率は脅威の55％超、社員の平均年間給与は2000万円超。

売上高1兆円に満たないながらも、**日本の時価総額ランキングで第5位**[※1]にランクイン。

日本企業、特に日本の製造業の衰退が叫ばれる中で、目覚ましい成果を上げる企業として、その「組織の在り方」に注目が集まっています。

一方で、キーエンスについて、「各個人の圧倒的なパフォーマンスの高さ」に注目する人は、そう多くはありません。

キーエンスの2022年度の「従業員一人当たりの売上高」は約8700万円[※2]で、「一人当たりの営業利益」は4821万円となっています[※3]。

今、「日本企業全体の一人当たりの営業利益」の中央値は約253万円[※4]ですので、**キーエンスの社員は「日本の平均社員の約20倍の利益」を叩き出している**ことになるのです。

私の記憶では、新卒の新入社員でも、入社初年度から4000万〜6000万円を売り上げていたと思います。

この全社員の個人としての「圧倒的な成果」の集合が、近年のキーエンスという会社全体の成長を実現させているのです。

―― 1年で「他社の10年選手」が育つ

「とはいえ、それは優秀な人材を集めているからでしょ?」

そう思った方も多いでしょう。

しかし、キーエンスは新卒採用を中心とした会社です。

特に、営業職については中途採用は行なわず新卒採用のみとなっており、基本的に企業として**「すぐに結果を出せる経験者を採用する」という考えはしていない**のです。

さらに、そんな新卒採用においても、**「学歴を重視しない」**ことを方針としています。

他の一流企業のように「新卒者に有名大学出身者ばかりが並ぶ」ということもなく、

「大卒でも高卒でも、同じように結果を出せる」という考えを基本としています。

実際、上層部にも高卒の方や、早慶上智や関関同立以外の大学を卒業された方が多く在籍していました。

むしろ、キーエンスの神髄は、「どんな人材でも、短期間で〝圧倒的な結果が出せる人〟に成長させることができる」という点にあるのです。

「あそこの会社の社員は1年で目覚ましい成長を遂げる。他の会社で同じレベルに達するには10年はかかるでしょう」

こう表現するのは、普段、キーエンスの社員と接する顧客や取引先の方々です。それほどに、キーエンスの社員は圧倒的なスピードで成長をし、**瞬く間に「仕事ができる人」に変貌を遂げる**のです。

さらに、キーエンスの社員の成長スピードの速さは、「人材市場」でも高い評価を受けています。

「私どもはハイクラス人材専門なので、基本的に一流企業のエグゼクティブ層である30代から40代の方にしかお声がけしないのですが、キーエンスの社員さんだけは20代の方でも会うようにしているんです」

これは、私が20代の頃に、ヘッドハンターから声をかけられたときに言われたことです。

人材の評価をするプロフェッショナルの目からも、「キーエンスの社員は短期間で一流の人材になる」ということが認められているのです。

――10倍速で成長できるカギは「〝個人の仕事〟の数値化」にある

では、なぜキーエンスの社員は、こんなにも短期間で急成長できるのでしょうか。

その秘密が、実は同社社内で独自に行われている「数値化」による仕事術にあるのです。

キーエンスでは、各社員が「自らの仕事」を数値化し、日々、管理しています。

それも「売上」や「利益」といった「最終的な目標」の数値だけでなく、「電話の回数」や「アポの件数」、「面談の件数」、「商談化の数」など、あらゆる「プロセス（行動）」をデイリーで数値化し、管理しているのです。

営業：「先月、受注目標を達成できなかったのは、『電話の件数』が10件足りなかったからだ」

人事：「『応募数』が20件足りていないから、採用人数も目標の数字に足りていない。応募数の改善が急務だ」

こうして、「目標」だけでなく、目標に至るまでの「プロセス（行動）」を数値化することで、初めて「自分の不足点」が客観的に可視化されます。

「不足点」とは、成長の源です。

当然ながら、「自分に足りない点」を改善するからこそ、人は成長します。

キーエンスの社員は、数値化により可視化された「不足点」を日々改善し、「素早い行動変容」をするからこそ、圧倒的なスピードでの成長を遂げているのです。

この「プロセス（行動）の数値化」の考え方は、組織やチーム管理の場面では、多くの企業で行われてきました。

しかし、「個人の行動レベル」でこの「数値化による管理」をしている人は少ないでしょう。

「キーエンスの数値化」の強みはまさにここであり、これまで「組織レベル」でしか使われていなかった「数値化」を、「個人の行動レベル」にも落とし込むことで、個々人のパフォーマンスを最大化することに成功しているのです。

・【営業】：6カ月で、「売上5000万円」を達成する

・【企画・開発】：6カ月で、「新商品のリリース4件」を達成する
・【人事】：6カ月で、「採用人数20人」を達成する

「キーエンスの数値化」は、このような個人の「プレイヤー」のビジネスパーソンが、「目標を確実に、そして圧倒的に達成するため」にこそ、その〝魔力〟を発揮します。

「でも、いまさら数値化？」

そう思うかもしれませんが、むしろ、このビジネス環境の変化が激しい今の時代に、日本企業で唯一と言っていいほどに急成長を遂げるキーエンスおよびその社員たちを見ていれば、「数値化力」が最も大事であることは自明のことと言えるでしょう。

会計や簿記、統計などの専門知識も、エクセルを使ったデータ分析も不要です。**使うのは「四則演算」、つまりは「たし算」「ひき算」「かけ算」「わり算」のみ**ですから、誰もが今日からすぐに始められるのが「キーエンスの数値化」なのです。

営業からバックオフィスまで急成長する〝キーエンスの数値化〟

「数値化」と聞くと、「営業や販売などの職種」あるいは「データ分析や統計を使う職種」のためだけのものと思われがちです。

しかしキーエンスでは、あらゆる部署のあらゆる個人の仕事が「数値化」されていました。

「〇カ月で商品リリース〇件」を目標とする「企画・開発職」であれば、「企画」「設計」「試作」など、「プロセス（行動）」が数値化されていました。

「〇カ月で採用人数〇人」を目標とする「人事職」であれば、「応募」「書類選考」「一次面接」「二次面接」「最終面接」「内定」など「プロセス（行動）」が数値化されていました。

もちろん、チーム単位ではなく、個人単位での数値化です。

先にもお伝えしたように、「キーエンスの数値化」は「個人の目標達成」のために役立つものですので、「あらゆる職種のビジネスパーソン」のためのものです。

キーエンスはどんな部署のどんな職種でも、個人が数値化を取り入れることによって、社員の急成長を実現させてしまうのです。

――数値化は「不要なストレス」を取り除くためのもの

読者の皆さんにとって、これまで「数字」というと、「会社から与えられるもの」「達成できないと責められるもの」という認識だったかもしれません。

会社から目標は与えられるものの、その目標に向けて「何をどうすればいいか」が不明確。

それでは暗闇で矢を射るようなもので、「ストレス」がかかるばかりです。

しかし、**「キーエンスの数値化」は、自ら自分を変えるための「攻めの数値化」**であり、むしろ、「目に見えないプレッシャー」や「漠然としたストレス」を取り除くための数値化です。

自ら「自分の行動」を数値化し、客観的に「自分の不足点」を捉えることで、目標に向けて「何をどうすればいいか」が明確になります。

「無駄な努力」を0にし、努力したことが100%結果に変わる——。

それこそが「キーエンスの数値化」なのです。

改善したことが目に見えて結果として表れますので、一度、体験していただければ、**成長するのがどんどん楽しくなってくる**のが、感じられるでしょう。

「キーエンスの数値化」がなければ、今の私は存在しないと言っても、過言ではありません。

何しろ、キーエンスに就職したのは、ほとんど偶然と言ってもいいくらいで、入社時には全く結果が出せずに、一時は「自分にはビジネスは向いていない」とさえ思い悩むことがありました。

そんな私が、その後キーエンスで**「3期連続で営業ランキング1位」**という結果を成し遂げることができたのは、間違いなく、この数値化を自分の仕事に取り入れたからだと、感謝しています。

では、「キーエンスの数値化」とは、より具体的にどういったものなのか。

まずは、序章でそのエッセンスから紹介していきましょう。

岩田圭弘

※1　Ｙａｈｏｏ！ファイナンス「株式ランキング（時価総額上位）」（２０２３年11月10日時点）

※2　日経クロステック『営業利益率は54・1％、２０２２年度も高収益のキーエンス決算』（https://xtech.nikkei.com/atcl/nxt/news/18/15116/）

※3　日本経済新聞『キーエンス貫く「知の共有」　1人あたり営業利益４８００万円　成功再現を追求／秘訣の独占禁止』（https://www.nikkei.com/nkd/company/article/?DisplayType=1&ng=DGKKZO626249000U2A710C2TB1000&scode=6954）

※4　ザイマニ『労働生産性 一人当たり営業利益』（https://zaimani.com/financial-indicators/labor-productivity/）

第1章

数字で「自分の行動」を見える化する

第2章

数字からボトルネックを見つける

―「行動の量」編

第3章

数字からボトルネックを見つける

――「行動の質」編

第4章

“キーエンス 数値化の魔力”

――実践編

終章 チームで実践する〝キーエンス 数値化の魔力〟

チームで実践〝キーエンスの数値化〟 259

おわりに 286

序章

〝キーエンス　数値化の魔力〟とは何か？

「はじめに」をお読みいただいたことで、「個人のプレイヤーが『数値化』を取り入れることがいかに重要か」がわかっていただけたでしょう。

キーエンスの社員が、日本の平均社員の20倍もの利益を叩き出しているのは、まさしく「数値化」により「自分の不足点」を可視化・改善し、日々、「素早い行動変容」を遂げているからなのです。

では、〝キーエンスの数値化〟とは何なのか。

なぜ〝キーエンスの数値化〟をすると、誰もが「仕事で結果を出せる人」になれるのか。

第1章以降で実際に実践いただく前に、序章ではそのエッセンスを紹介するとともに、「結果が出せるようになる仕組み」を明らかにしていきましょう。

ビジネスとは結局、「確率」である

なぜ「キーエンスの数値化」をすると、誰もが「仕事で結果を出せる人」になれるのか。

その理由を解き明かすために、まずは**「そもそも、『仕事の結果』とはどうしたら出るものなのか」**、その原理原則から考えていく必要があります。

結論から申し上げると、

「『仕事の結果』とは結局、確率によって生まれる」

「だからこそ、『確率を最大限高めること』こそが、『結果を最大化すること』につな

がる」

この仕組みを理解し、意識することが、「仕事ができる人」になる第一歩になります。

——「仕事の結果」＝「確率をいかに高めるか」

「『仕事の結果』とは結局、確率によって生まれる」

このことをご理解いただくために、まずは具体例を見ていきましょう。

たとえば、あなたが「30代の男性向けの商品」を販売する営業パーソンだとしましょう。

営業ですから、会社から与えられる「目標（結果）」は基本的に、「売上」になるでしょう。ですから、「売上」を最大化することが、「仕事の結果」を最大化することになります。

当然ですが、すべての30代男性が購入してくれるわけではありません。実際にはあなたが営業をかけることによって、日本全国の30代男性のうちの何割かに商品を知ってもらえて、そのうちの何割かが魅力を感じ、さらにそのうちの何割かが「実際に購入する」というアクションを起こしてくれるわけです。

したがって、この商品の売上は「アプローチできた顧客の総数×購入率」によって決まります。

売上が「購入率（実際に購入してくれた人の割合）」という「確率」に左右されていることがわかります。

また、サブスクリプションサービスのように、一見売上が確定しているように思えるビジネスモデルにしても、来月の売上は「新規顧客の獲得率」や「既存顧客の解約率」といった「確率」により左右されます。

このように、あなたの仕事がどんな仕事であれ、ビジネスの成果には必ず「確率」が関わってきます。

ということは、「仕事で結果を出す」とは結局、「確率をいかに高めるか」の勝負だということです。

前述のように売上が「アプローチできた顧客の総数×購入率」で決まるのであれば、この商品の売上を増やすためには「アプローチする顧客の数」を増やすか、「購入率」を高めることで、確率を上げていく必要があります。

あるいは両方の数値を上げられればなお理想的です。

ではなぜ、「確率」なのでしょうか。

それは、ビジネスには基本的に「相手」がいるからです。

どんなにあなたが働きかけても、最終的に「相手」が自分の思うように動いてくれるかは相手次第であり、どうしても未知数な部分が残ります。

「確率」である以上、すべてをコントロールすることはできません。

ですから、「何がコントロールできて（変数）、何がコントロールできないのか（定数）」を見極め、コントロールできるものにフォーカスをしていく。

そうして、確率を最大化していくことこそが、「仕事で結果を出す」ということなのです。

このように、「ビジネスの肝は確率である」ことを意識していないと、「コントロールできないもの」にフォーカスした見当違いの努力をしてしまい、いつまでも穴の空いたバケツに水を注ぐような徒労感に苛まれることになってしまいます。

それくらいこの原理原則は重要なのです。

——バックオフィスの仕事でさえも、結果は「確率」で決まる

先ほどは売上を例にしましたので、

「それは、営業部門や販売部門など、売上に関わる職種だけのことでしょ？」

と思った方が多いかもしれません。

しかし、実際、「『仕事の結果』は確率によって決まる」という原理原則は、すべての職種において当てはまります。

たとえば製造部門であれば、結果（生産数）は「歩留《ぶど》まり（投入した原料や素材に対する完成品の割合）」という「確率」の影響を受けますし、マーケティング部門でも「コンバージョン率」に左右されます。

「メディア露出の件数」が目標となる広報部門であれば「メディアに掲載される確率」が、結果を左右します。

一見、「確率」とは関係のなさそうなバックオフィス部門においても、結果には必ず「確率」が関わってきます。

たとえば人事部門であれば、仮に「採用人数○人」という目標を掲げた際、その結果は「採用率」という確率に影響を受けますし、仮に「離職の人数を○人に抑える」という目標を掲げた際には、その結果は「離職率」という「確率」の影響を受けます。

また、総務部門においても、経費削減の一環として、仮に「消耗品の購入費を○円以下に抑える」という目標を掲げた際には「消耗品のコスト削減率」という「確率」に影響を受けます。

このように、すべての「仕事の結果」は様々な「確率」に左右されています。

ですから、あなたがどんな職種であれ、「仕事で結果を出す」ためにやるべきことは、「確率を最大化」することです。

時間は有限です。

あなたの限られた時間をすべてのことに充てることはできません。

ですから、この「確率」のうち、「コントロールできる部分（変数）」と「コントロールできない部分（定数）」を見極め、「コントロールできる部分（変数）」にあなたというリソースを最大限、配分していく。

それこそが、「確率」を最大化し、「仕事の結果」を最大化することになるのです。

仕事の結果＝「行動の量」×「行動の質」

さて、前節で『仕事の結果』とは、確率によって生まれるもの」ということがわかっていただけたと思います。

しかし、ただ「確率」とだけ言われても、**「では、どうやって確率を上げたらいいのか」**と途方に暮れてしまうでしょう。

結果を出すために、皆さんは具体的にどうすればいいのか。

この節では、「仕事の結果＝確率」をより具体的に分解することで、「具体的にどうやって確率を上げればいいのか」を明らかにしていきましょう。

結論から申し上げると、私が定義する成果を生み出す「確率」とは、「『行動の量』

×『行動の質』」のことであり、つまり、「行動の量」と「行動の質」をそれぞれ高めることが、「確率の最大化」となり、「結果の最大化」になります。

――「行動の量を増やす」か「行動の質を高める」か

まず当たり前かもしれませんが、**大前提として、「結果」とは「行動」を起こすことでしか生まれません。**

たとえば、あなたの会社の商品を、何も知らない人に買ってもらうためには、まずはあなたが「営業する」という「行動」を起こす必要があります。

経費削減も購入する製品を変更するか、既存の製品の価格交渉をする必要があります。

ただ待っているだけだとコストは下がりません。

「仕事の結果」が「行動」によって表されることは、わかっていただけるでしょう。

では、なぜ「『仕事の結果』＝『行動の量』×『行動の質』」なのでしょうか。

たとえば、先にも挙げた商品の売上であれば「売上＝アプローチできた顧客の総数×購入率」で説明できることをお話ししました。

「アプローチできた顧客の総数」というのは、あなたが「何人の顧客に商品を営業したか」という「行動の量」の話です。

一方、「購入率」は、「あなたが、どんな風に商品を営業したか」という「行動の質」によって決まります。


このことはダーツにたとえることもできます。

たとえば「ダーツで高得点を取る（結果を出す）」（※ただし試行回数は無限大としたとき）ためには、当然ながらまずは、ダーツを投げる必要があります。

そして、「投げる総数（行動の量）」を増やせば増やすほど、中心に当たる総数も増えます。

しかし、ダーツが中心に当たるかどうかは、1回1回のあなたが「投げる正確さ（行動の質）」によって、変わってきます。

あるときは腕をまっすぐにして投げることで中心に当たるかもしれませんし、あるときは腕が少し曲がってしまうことで、的を外してしまうかもしれません。

つまり、ダーツが中心に当たるかどうかは、「投げる総数」だけでなく、1回1回の「投げる『質』」にも影響を受けます。

このように、ビジネスは真ん中に当たる回数を最大化させることです。結果とは『行動の量』×『行動の質』」で表せるのです。

したがって、**先ほどから申し上げている「仕事の結果＝確率」の「確率」とは、「『行動の量』×『行動の質』」を指し、あなたが結果につながる行動を「どれだけの数（行動の量）」、「どのように（行動の質）」起こしたか、つまり、「仕事の結果＝『行動の量』×『行動の質』」ということになるのです。**

ここまで来たところで、「どうやって確率を上げればいいのか」がわかると思います。

つまり、この「行動の量」と「行動の質」をそれぞれ高めることが、「確率の最大化」となり、「結果の最大化」となるのです。

——業種を超えた原理原則

このことについても、

「それは売上に関わる職種だけじゃない？」

と思った方が多いかもしれません。

しかし、この「『行動の量』×『行動の質』」の考え方についても、同じくすべての職種に当てはまります。

たとえば、人事担当者が人材採用を行う場面ではどうでしょうか。

仮にここでの目標（結果）を「採用数○人」としてみましょう。この場合も同じく「採用数＝アプローチできた求職者の総数×入社率」となります。

ここでの「アプローチできた求職者の総数」とは「何人の求職者に、会社のことを知ってもらえたか」の総数（行動の量）です。

一方で、「入社率」は「あなた（の会社）が、どんな求人を出し、どんな風に自社をアピールしたか」という「行動の質」に影響を受けます。

やはり、この場合も「仕事の結果＝『行動の量』×『行動の質』」となります。

では広報部の場合はどうでしょうか。仮にここでの目標（結果）を「メディアに取り上げられる総数（〇件）」としましょう。

プレスリリースを発行することで、できるだけ各種メディアに取り上げられることを目指すとします。

この場合、「メディア掲載数（結果）＝プレスリリースの総数×掲載率」となります。

ここでの「プレスリリースの総数」とは、「プレスリリースをどれくらいの数、発行したか」という「行動の量」になります。

一方で、「掲載率」はあなたが「どんな内容のプレスリリースを出したか」という「行動の質」に影響を受けます。

やはり、あなたがどんな職種であれ、「仕事の結果＝『行動の量』×『行動の質』」となります。

ですから、「仕事で成果を上げる」ということは、「行動の量」と「行動の質」をそれぞれ高め、確率を最大化するということなのです。

「行動の量」と「行動の質」を最大化する3つのSTEP

前節で、「仕事の結果＝『行動の量』×『行動の質』」であることがわかりました。

したがって、「行動の量」と「行動の質」をそれぞれ最大化することができれば、「仕事の結果」も最大化されることになります。

しかし、ここまで読んだあなたは、

「じゃあ、どうやって『行動の量』と『行動の質』を高めるのよ？」

「そもそも、ここでいう『行動』って何？　もっと具体的に教えて」

と思ったのではないでしょうか。

この節では、これらの疑問に答えていくことで、**「行動の量」**と**「行動の質」それぞれの具体的な高め方**をお伝えしていきます。

そして、ここで紹介する方法こそが、まさに**「キーエンスの数値化」**であり、第1章以降で取り組んでいただく数値化のエッセンスなのです。

STEP 1 ―― 数字で「自分の行動」を見える化する

「仕事の結果＝『行動の量』×『行動の質』」

ここで言う「行動」とは結局、何を指すのでしょうか。

それは**「結果に至るプロセス」**です。

たとえば、「受注件数○件」を目標とする営業であれば、受注（結果）に至るまでの「DM→電話→アポ→面談→商談化」の各プロセスが「行動」になります。

「採用人数○人」を目標とする人事であれば、採用（結果）に至るまでの「応募→書類選考→一次面接→二次面接→最終面接→内定承諾」の各プロセスが「行動」になります。

なぜわざわざプロセスに分けるのか。

それは、**「目標（結果）」はそのままだとコントロールできない**からです。

たとえば、上司から「あなたの今月の目標は受注10件だ」と言われたとします。

この場合、そのままでは何をすればいいのか途方に暮れてしまいます。

ですので、「DM→電話→アポ→面談→商談化」と、「結果に至るまでのプロセス」に分解してあげるのです。

「受注10件」という目標そのものに対しては直接的な行動をすることはできませんが、「DMを送る」「電話をかける」というプロセス（行動）は**「自分次第でコントロール可能」**です。

図表1 営業の場合の例

8月 実績

	DM	電話	アポ	面談	商談化	受注
合計件数	100	95	23	17	6	2

9月 実績

	DM	電話	アポ	面談	商談化	受注
合計件数	98	92	23	16	4	1

こうして、コントロールできない「目標(結果)」を、コントロールできる「プロセス(行動)」に分解することで、**「(結果を出すために)自分のすべき行動」**を明確化するのです。

これこそが、プロセス分解をする目的です。

そして、これらの「分解されたプロセス(行動)」それぞれについて、「日々の行動」を数字で記録していきます。

図表1は営業の場合の例、図表2は人事の場合の例で、「8月の実績」と「9月の実績」の2カ月分を記録したものです。

図表2 人事の場合の例

8月 実績

	応募	書類選考	一次面接	二次面接	最終面接	内定	採用人数
合計件数	217	174	134	42	17	8	5

9月 実績

	応募	書類選考	一次面接	二次面接	最終面接	内定	採用人数
合計件数	194	155	125	38	14	5	3

なぜわざわざ数値化するのでしょうか。

それは、**数値化することで初めて人は、「自分の現状」を客観的に把握することができ、「目標（結果）に向けて何が足りないのか」が見えてくるからです。**

このように「行動を数字で見える化」しなければ、何をどのように改善すればいいのかを検証することはできません。

漠然と「今月は目標達成した」「今月は目標未達だった」だけでは、「では、なぜ達成できなかったのか」、自分の問題点は見えてきませんし、その結果、「何にどれほど努力すればいいのか」がわからなくなり、成果が出せないままにいたずらに疲弊してしまうことになります。

しかし、プロセス(行動)を数値で管理していれば、「今月は先月に比べて、電話の件数が5件足りなかった」など、客観的に「自分の行動の不足」が見えてきて、結果を出すために次に必要な行動が見えてきます。

「はじめに」でもお伝えしたように、この「プロセス管理」の考え方は、組織管理の場面では、多くの企業で行われています。

しかし、「個人の行動レベル」でこのプロセス管理をする点が、「キーエンスの数値化」の独自性であり、「数値化によるプロセス管理」を個人単位で行うことで、社員は圧倒的な成長を遂げることができるのです。

コントロールできない「結果」を、コントロールできる「プロセス(行動)」に分解し、まずはブラックボックスになっていた「(結果を出すために)自分のすべき行動」を明確化する。

そして、その各プロセスを数値化することで、現状を客観的に捉え、「不足点」を明確化する。

そのためにこそ、まずはこの「STEP1：数字で『自分の行動』を見える化する」が必要なのです。

第1章では、この「STEP1」の具体的なやり方をお伝えしていきます。


では、実際にどう「不足点」を見つけて改善していくのでしょうか。

具体的には「プロセスの数値化」から、「行動の量」と「行動の質」の「不足」を見つけ出し、改善を続けていきます。

そうすることで、そのかけ算であった「仕事の結果」を最大化していくのです。

まずは、「STEP2：数字から「行動の量」のボトルネックを見つける」を見ていきましょう。

STEP 2 数字から「行動の量」のボトルネックを見つける

改めて、「仕事の結果＝『行動の量』×『行動の質』」でした。

まずは、このうちの「行動の量」の不足を見つけ出し、改善することで、「行動の量」を最大化していきます。

たとえば、先ほどのP54の図表1の例では、各プロセスを数値化したことで、9月は8月よりも最初のプロセスである「DM」と「電話」の数が不足していたことがわかります。

これが「行動の量」のボトルネック（不足点）です。

したがって、10月はまず「DMと電話を○件増やそう」という明確な行動目標を立てることができます。

これが仮に、数値化していなかったら、「自分に何が足りないのか」が客観的にわかりません。

「DMと電話の数」が問題なのにもかかわらず、成果とは因果関係のない他のことにフォーカスしてしまい、いわゆる「的外れなこと」に時間を費やしてしまいます。

しかし、図表1の例のように数値化をしていれば、

「9月が受注件数が少なかった原因は、DMと電話の数が8月よりも減ってしまったためだ」

「10月に努力すべきは、DMを8月の実績である100件以上発送することと、電話を同じく8月の実績の95件以上かけることだ」

と改善すべきプロセスと度合いが明確になり、「きちんと成果につながる正しい努力」をすることができます。

こうして、「行動の量」を数値化することでボトルネックとなっているプロセスを客観的に探し出し、そのプロセスの「行動の量を増やす」ことで仕事の成果を高めるこ

となります。

第2章では、この「STEP2：数字から「行動の量」のボトルネックを見つける」の具体的なやり方を紹介していきます。

あなたが働く時間は「1日8時間＝480分」と有限です。

この時間をいかに無駄にしないか。

逆に言うと、この有限な時間をいかに生産性の高いことに費やすかが、重要になってくるのは言うまでもありません。

それでは次に、「行動の質」においてもボトルネックを探し出していきましょう。

STEP 3 ― 数字から「行動の質」のボトルネックを見つける

前項では「行動の量」のボトルネックを探し出しました。

仕事の成果は「『行動の量』×『行動の質』」でしたから、「行動の質」のほうもボトルネックを見つけ出して改善できれば、さらに仕事の成果を大きくすることができます。

ここでは、「行動の質」の不足を見つけ出し、改善することで、「行動の質」を最大化する方法を説明します。

「STEP2」では「行動の量」のボトルネックを見つけ出して改善しました。

しかし、「行動の量」を増やしていくと、どこかの段階で頭打ちになってきます。なぜなら「行動の量」は時間の制約を受けるためです。

たとえば1日に訪問できる顧客数はいくら工夫してもこれ以上は増やせない、という限界があります。

そこで、「『行動の量』×『行動の質』」のもう一つの変数である「行動の質」のボトルネックを見つけ出して改善することになります。

つまり、野球にたとえれば、「打席に立てる回数の上限」があるのなら、打率を上げればいいという発想です。

図表3 営業の場合の例

8月 実績

	DM	電話	アポ	面談	商談化	受注
合計件数	100	95	23	17	6	2
転換率（%）		95%	24%	73%	35%	33%

-10%

9月 実績

	DM	電話	アポ	面談	商談化	受注
合計件数	98	92	23	16	4	1
転換率（%）		94%	25%	72%	25%	25%

では、「行動の質」のボトルネックを見つけ出すには、どの数字を見ればいいのでしょうか。

そこで、注目すべき数字が**「転換率」**になります。

図表3は営業の場合の例で、図表4は人事の場合の例です。

「電話した件数のうち、何件アポが取れたか」

「一次面接の件数のうち、何件が二次面接に至ったか」

その割合のことを「転換率」と言います。

図表4　人事の場合の例

8月　実績

	応募	書類選考	一次面接	二次面接	最終面接	内定	採用人数
合計件数	217	174	134	42	17	8	5
転換率（%）		80%	77%	31%	40%	47%	63%

9月　実績　　-11%

	応募	書類選考	一次面接	二次面接	最終面接	内定	採用人数
合計件数	194	155	125	38	14	5	3
転換率（%）		80%	81%	30%	37%	36%	60%

実際に図表3の例で、「行動の質」のボトルネックを見つけてみましょう。

「8月の実績」と「9月の実績」の転換率に注目します。

すると、プロセスの中で「面談から商談化への転換率」が35%から25%と最も大きく落ち込んでいることがわかります。

このことから、「面談をしているのに商談化にうまくつなげられなくなっている」、つまり、「面談」のプロセスにおいて、「行動の質」が下がっていることがわかります。

ですから、「面談時のプレゼンを改善する」など、そのプロセスにおける質的改善を行うことで、「行動の質」を高めていきます。

第3章では、「STEP3：数字から『行動の質』のボトルネックを見つける」の具体的なやり方を紹介していきます。


ただし、このような「行動の質」が落ち込んでいる場合は、複数の原因が考えられることに注意してください。

この場合であれば、「面談時のプレゼンがうまくない」可能性もありますが、「そもそもニーズがない顧客を選んでいる」可能性もあります。

あるいは「面談をしたタイミングが顧客側の予算が不足していた時期だった」かもしれません。

ですから、この転換率の改善のための改善策も、複数考えられることになります。


一方、「行動の量」は、数字が不足していれば、改善策は単純に「そのプロセスの行動量を増やす」というシンプルなものに絞られます。

このように、「行動の量」は原因が客観的に特定しやすいことから、**「行動の量」と**

「行動の質」のどちらを優先的に着手すべきかというと、「行動の量」になります。

とはいえ、先ほども申し上げた通り、「行動の量」を上げるのにも限界があります。そこで、次に「行動の質」に着手していくのです。

そうして、「行動の質」のボトルネックを探し出して改善策を立てることで、「行動の量」の改善だけでは伸び悩んでいた仕事の成果をさらに高めることができます。

第3章では、「行動の質」のボトルネックの特定の仕方から、複数ある原因の特定の仕方、およびその改善策の実行に至るまで、曖昧になりがちな「行動の質」の改善について、極力、客観的なメソッドにしてまとめました。

「再現性高く、結果が出せる人」になる

ビジネスにおける数値化とは、「『行動の量』×『行動の質』」によって成果を表すことであり、「行動の量」と「行動の質」のそれぞれのボトルネックを探し出して改善することで、成果を最大化できることがわかりました。

ここで、「仕事ができる人」になるために、もう一点大事な観点をお伝えしておきます。

それが、**「再現性」**です。

あなたが仮に今期は目標を達成したとしても、来期以降、継続的に達成できなければ

ば、評価はされません。

ですから、「仕事ができる人」になるためには、一時的ではなく、何度も高い成果が出せる「再現性」が重要になります。

実は、自分の仕事を数値化できることは、単に自分の仕事の成果を最大化できることを意味するだけではありません。

数値化することは、自分の仕事の「再現性」を担保することでもあるのです。

このことの価値について見ていきましょう。

——キーエンスが社員の「再現性」を評価するワケ

キーエンスには、「会社を永続させる」という経営理念があります。

ですから、会社が「一時的に利益を創出する」だけではダメで、「継続的に利益を創出する」ことを重視します。

そして、この理念は企業のみならず、各個人にも適用されます。

つまり、キーエンスはただ単に社員の「結果」だけを評価するのではなく、そこに「再現性」があるかどうか、つまり、「今後も」同じ結果を出せるかどうかを、社員の評価として設けています。

これが、ビジネスパーソンが「自分」を永続させるということです。

そのためには、「一時的にたまたま成果を出せた一発屋」では困ります。

キーエンスに限らず、多くの企業においても、一発屋より安定的にヒットを打てる人材を評価しますし、求めています。

たとえば営業であれば、一発だけ200%の達成率を叩き出してその直後に息切れしてしまう人よりも、コンスタントに100%を維持している人のほうが価値があると評価されやすいのです。

――数値化が「再現性」を担保する

そしてその「再現性」を担保するのが、数値化になります。

営業：「今月の受注が少なかったのは、『電話』の件数が不足していたからだ」
人事：「一次面接から二次面接への転換率が落ちている。この段階での求職者へのアトラクトに問題があるんだ」

数値化できていれば、このように、**「仕事の成果」と「プロセス（行動）」との間の因果関係を明らかにすることができます。**

因果関係を明らかにできている人であれば、短期的に結果が出ない場合でもすぐ行動変容をすることによって、改善できると予測することが可能です。

このように、数値化をして客観的に因果関係を把握できることから、**すべての行動**

に根拠を持つことができます。

この状態で行動していれば、たとえば不意に上司から「今、なぜその作業をしているのか？」と尋ねられても即答できます。

数値を示して回答すれば、説得力もあり、「仕事ができるな」と思わせることができます。

このように、目標の達成に向けて、ロジックを持ち、行動変容をした結果、継続的に結果を出していく人こそが、本当の意味での「仕事ができる人」なのです。

――成長するのが、どんどん楽しくなる

一般的に、「数字」と聞くと、「ストレスがかかるもの」と認識されています。

しかし、このように、「行動の量」と「行動の質」を数値化し、因果関係を明らかにすることは、実は努力の仕方を明確にすることになりますから、仕事の無駄を削減し

て、逆にストレスを軽減することにつながります。

前節では「行動の量」と「行動の質」を数値化することで、仕事の成果が伸び悩んでいた原因であるボトルネックを明らかにしました。

ボトルネックを明らかにしたことで、努力すべきプロセスが明らかになり、努力目標が数値として明らかになりました。

このことは、仕事をする上でメンタルにとっても、とても大きなメリットがあります。

というのも、人というのは明確な目標がないままに漠然と量を増やすことには意欲を持ちにくいためです。

営業担当者に、「もっとアポを取りなさい」と漠然とした指導をしても、それは「頑張れ」といった無責任な根性論になってしまいます。

自ら「もっとアポを増やさないといけないな」と思っても同様です。

たとえばダイエットしている人が、「もっと運動しなくちゃ」とか「もっと食べる量を減らさなくちゃ」と思ったとしても、そのような漠然とした努力は続かないでしょう。

なぜなら、人の感情はいとも簡単に浮き沈みするからです。

人のモチベーションが落ちるのは、「ゴールが見えない」「ゴールまでの道筋が見えない」ときです。

漠然とした努力目標は、「目標に向けて、何をどれくらいやればいいか」が不明確なため、ストレスを増やすだけなのです。

一方、数値化して目標を明確にさえすれば、努力の方向が定まります。「何をどれくらいやればいいか」、目標達成に向けてすべきことが明確になりますので、ストレスが軽減されます。

その結果、**自ら設定した目標をクリアすることが「ゲーム感覚」になり面白くなってきます。**

感情の起伏がなくなり、前に進み続けることができるようになります。

一度、目標を達成したら、次はさらに目標を高く持ちます。その高い目標についても、「キーエンスの数値化」によって達成をする。そして、さらに高い目標を設定して……と、日々、自分の成長を実感することができるのです。

第1章

数字で「自分の行動」を見える化する

序章では、〝キーエンスの数値化〟のエッセンスを紹介しました。
「仕事の結果＝『行動の量』×『行動の質』」ですから、
この「行動の量」と「行動の質」をそれぞれ最大化すれば、
自ずと「仕事の結果」も最大化されるのです。

そして、そのためのSTEPが３つありました。
「行動の量」と「行動の質」を高める前に、
まずはそもそも「自分の行動」を数値化し、
「不足点」を可視化する必要があります。
それが、「STEP１：数字で『自分の行動』を見える化する」です。
本章では、このSTEP１の具体的なやり方をお伝えしていきましょう。

そもそも「見える化」しなければ、「課題」は見えない

STEP1の具体的なやり方に入る前に、「そもそも、なぜ『自分の行動』を見える化しないといけないのか」、その理由を簡単におさらいしましょう。

たとえば、あなたが営業担当だとします。

会社としての売上目標を達成するために、上司から「○○さん、今月も受注が未達だよ。もっと受注件数を上げるように」と指示されたら、どう思うでしょうか。

既にあなたは業務を真面目に遂行してきているわけですから、「これ以上何をすればいいのかわからない」という状況にあることが多いでしょう。

「それならクロージングトークを強化しよう」といった意見も出ますが、「果たして、それが本当に受注増加につながるのだろうか」というモヤッとした疑問を持ちながら、明確な努力の方法もわからず、気持ちだけが追い詰められてしまいます。

そうです。

「結果（ここでは、受注が未達）」だけをいくら見ていても、その「原因（課題）」が明らかになることはありません。

当然ながら、「原因」がわからなければ、改善のしようはありません。

では、「原因」を明らかにするには、どうしたらいいのか。

それが、「結果に至るプロセス（行動）」を数字で見える化することです。

なぜなら、序章でもお伝えしたように、「結果」というものは必ず、何かしらの「行動」によって生まれるものだからです。

あなたが出した「結果」の原因は必ず、その前のあなたの「行動」に隠れています。

今回の営業の例であれば、受注という「結果」を、「DM→電話→アポ→面談→商談化」の各プロセス（行動）に分解します。

そして、「電話100件」「アポ50件」といったように、それぞれについて、自分の日々の行動を数字で記録して、見えるようにするのです。

そうして、「行動」に客観的な数字を与えることで、その「良し悪し」が判断できるようになります。

営業：「今月の受注が足りなかったのは、アポの件数が先月よりも○件下がったからだ」

人事：「昨年よりも採用率が良くない。内定者への条件提示の内容に問題があるはずだ」

「結果」を「プロセス（行動）」で分解して数値化したことで、「原因」を特定することができるようになりました。

このように、結果が振るわない「原因」を客観的に特定するための方法が「STE

P1：数字で『自分の行動』を見える化する」なのです。

――「行動の数値化」で、自分の課題が見えてくる

先ほど、原因の特定もなしに、「それならクロージングトークを強化しよう」という意見が出た例を出しました。

このように、多くの人は「行動の見える化」をせずに、すぐに「Ｈｏｗ（解決策）」を考えることに注目してしまいますが、そうすると成果の出ない「無駄な努力」ばかりをすることになってしまいます。

たとえば、私はダイエットを試みたことがありますが、当初は「動いていれば痩せるだろう」という大雑把な考えで朝のランニングを始めました。

ところが一向に効果が出ません。

そこで、調べてみると、そもそも私はランニング程度では補えないほどに、1日の

摂取カロリーが高いことがわかりました。

つまり、最初から課題設定が間違っていたのです。

「結果」を出すためには、「結果が出せない原因（課題）」を特定し、改善する必要がありますが、**ここで最も重要なのは「Ｈｏｗ（解決策）」よりも「Ｗｈｅｒｅ（どこに原因があるのか）」の特定です。**

「Ｗｈｅｒｅ」がずれていたら、どんなにすばらしい「Ｈｏｗ」も徒労に終わりますし、逆に言うと、「Ｗｈｅｒｅ」が特定できれば、あとはそれを改善するだけですから、「成果の出る正しい努力」をすることができます。

そして、この最も重要な「Ｗｈｅｒｅ」を客観的に特定できるのが、『自分の行動』の見える化」であり、「数値化」なのです。

こうして、数字で客観的に「原因（課題）」を特定し、改善していくことで、序章でお伝えした「再現性」を担保することができるのです。

「行動の数値化」が、努力を100％成果に変えてくれる

私たちは「数値化すべき」と言われると、何か非人間的な印象を受けてしまいがちですが、実は逆なのです。

行動を数値化することで無駄な努力を減らせますし、成果もはっきりしますから手応えを感じられます。

実際、キーエンスの離職率は3～5％台で推移[※5]していますが、これは厚生労働省が発表した令和3年度の離職率である13・9％[※6]よりもかなり低い数値になっています。同じく厚生労働省が発表している同年度の産業別離職率では製造業が9・7％[※7]となっていますから、業界内で比べても大きく下回っています。

この離職率の低さの要因の一つに、数値化によって逆に社員の「不要なストレスやプレッシャー」を排除できていることが関係しているかもしれません。

仮に「結果」が振るわない場合でも、「原因」が客観的にわかりますから、安心して次の手を打つことができます。

つまり、「行動を数値化する」ことは、むしろ仕事に人間味をもたらすと言えます。

数値化で努力が報われるようになるのは営業部門だけではありません。

たとえば人事部であれば、採用において入社人数が少なかった場合、人材採用活動のプロセスを分解して数値化すればいいのです。

数値化することで、原因が「面接での通過率が低かったこと」にあったのか、「内定後の入社率が低かったこと」にあったのかなど、一番大事な「Ｗｈｅｒｅ（どこに原因があるのか）」が見えてきます。

「Ｗｈｅｒｅ」が特定できたら、あとはそれを一つ一つ改善していくだけです。

本章では、原因を特定するやり方から、改善方法までお伝えしていきます。

「自分の行動」を見える化する3つのSTEP

ここまでで、「なぜ『自分の行動』を見える化するべきか?」がわかったところで、ここからは実際に「STEP1:数字で『自分の行動』を見える化する」の具体的なステップを説明していきましょう。

STEP 1 ── ゴールを定量化する

まずは、目標(ゴール)を定量化します。

ダイエットで言えば「目標の体重」です。

特にビジネスシーンでは、これは**「KGI（Key Goal Indicator）」**と呼ばれます。

KGIとは目標が達成されたかどうかを評価するための指標で、営業であれば目標とする売上や利益、受注件数、人事で言えば目標とする「採用人数」などだったりします。

ゴールを定量化するのは、会社から求められている役割をまっとうするために目指す指標が必要なためです。

会社から仮に今月の目標として「売上300万円」を与えられているのであれば、「KGI＝1カ月で売上300万円」となります。

このKGIの設定内容によって、各プロセス（行動）で必要となる「行動量（どれだけの『行動の量』が必要か）」や「転換率（どれだけの『行動の質』が必要か）」が変わってきますので、KGIはこの後のすべてのステップの原点となる数字です。

ＫＧＩを設定するときのコツは、会社から与えられた目標よりも高い目標を持つことです。

なぜなら、人は基本的に目標値を下回る結果を出しがちだからです。

大体、８〜９割の達成率になることが多いです。

そこを織り込んで３割増しくらいのＫＧＩを設定するのがコツです。

たとえば、会社から与えられた今月の目標が売上３００万円であれば、３割増しの３９０万円をＫＧＩに設定します。

私がキーエンスにいたとき、最初は会社から与えられた売上目標額をそのままＫＧＩにしていました。

ところが入社２年目の頃に、あと１件を残してＫＧＩを未達にしてしまったことがあったのです。

まさに自分が目指していた値の95％ほどになってしまったわけです。

このことがあってからは、ＫＧＩを会社から与えられた数値よりも高くしました。

これにより、仮に設定したKGIを達成できなかったとしても、会社から与えられた目標は達成できるので、きちんと「結果」を評価してもらえます。

トップレベルを目指している人であれば、会社から与えられた目標の2倍の目標を設定するのも、いいでしょう。

たとえば、会社から与えられた今月の目標が売上300万円であれば、2倍の600万円をKGIに設定するのです。

8～9割の達成率で終わってしまったとしても、480万円以上の結果にはなりますので、かなり高い評価を得ることができます。

実際、私がキーエンスで営業成績1位を達成していた頃には、KGIを会社の目標額の2倍に設定していました。

もし、会社から具体的な数値を与えられない場合は、自分の過去の実績を常に上回るようなKGIを設定すればいいでしょう。

今はわかりやすい例として営業でのKGIを例にしましたが、人事部の採用担当者であれば、たとえば今期の新卒採用人数を10人にすることをＫＧＩに設定します。

また、製造業の商品企画部の企画担当者であれば、全商品の売上における新商品の売上比率をＫＧＩに設定します。

この場合は新しい企画が全体の売上にどれくらい貢献すべきなのかを数値化しているわけです。

キーエンスでも「会社を永続させる」というミッションを達成するために重要としている指標でした。

また、マーケティング担当者であれば今月の有効リード獲得件数を３００件にすることや、カスタマーサクセス担当者なら今月の解約率を２％以下に抑えるなどをＫＧＩに設定できます。

ここまでが、ステップ１になります。

STEP 2 ── ゴールに至るまでの行動を「業務プロセス」で分解する

このようにKGIとしてゴールを設定したら、**「このKGIを達成するために、自分が何をすればいいのか」を決めなければなりません。**

たとえばKGIとして今月の売上を600万円に設定しても、それだけでは何をすればいいのか行動の仕方が定まりません。

そこで次に、KGIに至るまでの行動を業務プロセスで分解します。

営業で、「受注件数○件」がKGIであれば、受注に至るまでの「DM→電話→アポ→面談→商談化」の各プロセスに、行動を分解します。

人事で、「採用人数○人」がKGIであれば、採用に至るまでの「応募→書類選考→一次面接→二次面接→最終面接→内定承諾」の各プロセスに、行動を分解します。

行動を業務プロセスに分解することで、KGIを設定しただけでは漠然としていた

「結果のために何をすればいいのか」を具体的にしていきます。

仮に「今月の売上目標が600万円」など、目標が金額だった場合はどうすればいいでしょうか。

この場合は、この「金額ベースの目標」を分解して、「受注」という「行動ベースの目標」に落とし込みます。

たとえば、キーエンスのように電子機器を販売しているBtoBの営業担当者であれば、「KGI（目標売上）＝商品単価×受注件数」となりますから、今月の売上目標が600万円で、担当している商品の単価が50万円であるとすれば、受注件数は12件になります。

すると、この担当者のKGIは、売上額で示せば600万円でしたが、受注件数で示せば12件になります。

これをKGIとして設定してから、業務プロセスで行動を分解していくのです。

STEP 3

分解したプロセスごとに「行動目標」を数値で設定する

業務プロセスを分解できたら、プロセスごとに目指すべき「行動の量」を設定します。

この数字を**「行動目標」**と呼びます。

行動目標を数値化する理由は、KGIを達成するために、現状で十分な行動を取れているかどうかを確認する指標が必要なためです。

この指標を**「KPI（Key Performance Indicator）」**とも呼びます。

つまりKGIが「達成すべき目標の数値」であるのに対して、KPIは「目標を達成するためにプロセスごとで達成しておくべき数値」です。

KPIがあることで、プロセスごとにどこまで努力するべきなのか、あるいはプロセスごとに現在どのあたりまで達成できているのか、そしてどのプロセスが滞っているのかを把握できるようになります。

図表5 今月の目標達成のための業務プロセス
(営業の場合の例)

	DM	電話	アポ	面談	商談化	受注(KGI)
KPI(件)	250	242	60	54	16	5
転換率(%)		97%	25%	90%	30%	31%

つまり、KPIはPDCAを回すために必要な指標と言えます。

ここでもわかりやすいように、営業の場合の例と人事の場合の例を紹介しましょう。

まずは、営業の場合の例です。

図表5を見ていただくと、受注に至るまでの行動がプロセスで分解されており、それぞれのプロセスごとに行動目標が立てられています。

このそれぞれのプロセスの行動目標の達成をすることで、KGIである受注件数を達成するのです。

では、この行動目標の数字は何を基準に設定すればいいのでしょうか。

それが、**「過去の転換率」**になります。

順を追って説明していきましょう。

最初はKGIである「受注件数」の12件のみがあります。

仮に過去の「受注率（商談化のうち、何件が受注に至ったか）」が31％だったとしましょう。この場合、商談化の行動目標Xは「X×31％＝5件」で、16件となります。

次に、過去の「商談化率（面談のうち、何件が商談化に至ったか）」が30％だったとしましょう。この場合、面談の行動目標Xは「X×30％＝16件」で、54件となります。

このように、KGIである「受注件数」と「過去の転換率」から逆算して、それぞれのプロセスの行動目標を立てていくのです。

しかし、読者の皆さんは初めてこの数値化を実践しますから、そもそも「過去の転換率」を持ち合わせていません。

その場合、まずは仮で各転換率を設定してしまって構いません。

皆さんも普段自分が行なっている業務ですから、それぞれの転換率が大体どのくらいかは何となく見当がつくと思います。

そして、まずはその仮の転換率と行動目標のもと、1カ月、2カ月と、行動目標に

図表6 今月の目標達成のための業務プロセス（人事の場合の例）

	応募	書類選考	一次面接	二次面接	最終面接	内定承諾	採用人数（KGI）
KPI（人数）	112	112	72	45	32	26	20
転換率（％）		100%	64%	63%	71%	81%	77%

対する行動実績（それぞれの実際の行動の量）**を記録してPDCAを回していきます。**

そうすれば、各プロセスの実際の「行動の量」が出ますので、そこから自ずと正確な転換率を算出できるようになります。

続いて、人事の場合の例も、同じです。

図表6を見てください。

KGIである「採用人数」と「過去の転換率」から逆算して、それぞれのプロセスの行動目標を立てていくのです。

こちらも同じく「過去の転換率」の数字がなければ、まずは仮の転換率と行動目標を立ててください。

数カ月、実績を記録していけば、正確な転換率が出てきますので、行動目標も精緻なものになっていくでしょう。

行動目標を設定する際の注意点としては、実際に必要な数よ

りも高めに設定をしておくことです。

先にお話ししたのと同様で、人は目標の8〜9割の達成率で終わることがほとんどだからです。

そして、そのためには、転換率を〝低めに〟設定することが大事になります。

たとえば、営業の「アポ」から「面談」への転換率（面談率＝アポの件数のうち、何件が面談に至ったか）を高めに設定してしまうと、少ない「アポ」でも多くの「面談」を獲得できることになってしまうため、必然的に「アポ」のプロセスの行動目標が減ってしまいます。

転換率は、過去と同じ行動をしていたら下がるくらいに見積もっておいたほうがいいのです。

前年同月の転換率が97％であれば、今月の転換率は95％くらいに下げたほうが行動目標を高く持つことができます。

転換率を下げておくことは、「確率」という不確実性のリスクを軽減することになります。

行動目標は「1日単位」にまで分解する

前節で各プロセスを分解し、それぞれの行動目標を設定するところまでお伝えしました。

ただ、これまでお伝えしてきた図表5や図表6などは、「月間」の数字です。

ここでは、この「月間」の数字を「日次」にまで落とし込んでいきましょう。

――人は自分に甘い判断を下しやすい

図表5や図表6などで、月にどれくらいやるべきか、「月間の行動目標」ができました。

たしかに月単位で自分の行動を管理することは非常に重要ですが、それだとどうしても「月初はだれてしまう」など、自分を甘やかしてしまうことがあります。

人は進捗状況を確認する間隔が長くなると、「あとで取り戻せるだろう」とか「多分、そこそこうまくいっているだろう」、あるいは「前半かなり飛ばした（つもりだ）から、後半はちょっと楽しても大丈夫だろう」などと、自分に甘い判断を下しやすいのです。

また、KPIと現実の乖離を調整するにしても、早めに対処したほうが調整しやすいのです。

ですから、この月単位の行動目標を「1日単位」にまで分解することで、日々、行動目標を意識しながら仕事ができるようにしていきましょう。

思い出してください。夏休みの宿題も、最初に「1日にこれだけやっておかなければ夏休みの終わりまでに終わらない」とわかっていれば、夏休みが終わる頃に慌てずに済んだはずですよね。

——「確実にゴールに向かっている」という達成感

1日の行動目標を明らかにする理由としてもう一つ大事なことは、**クリアしたときに「確実にゴールに向かっている」という達成感と安心感を得られることです。**

これが、1日の努力目標が数値化されていないと、果たして自分はゴールに向かっているのだろうか、という不安を持ったままで達成感も得られませんから、モチベーションが保てません。

月間までしか行動目標を落とし込めていないと、月の間ずっと不安が続くことになります。

これは精神衛生上も良くありませんよね。

また、上司から「今、どんな状況だ?」と確認されたときも、日々のKPIをクリアしていれば数字で明確に状況を答えることができます。

しかし、日々のＫＰＩを設定していなければ、「多分、大丈夫だと思います」といった曖昧な答え方しかできません。

しかも、1カ月後に蓋を開けたら全く大丈夫ではなかったと大目玉を食らう可能性もあるのです。このような状態もまた、精神衛生上良くありません。

――「1日単位」にまで分解する方法

では、どうやって「月間」の行動目標を、「1日単位」に分解したらいいのでしょうか。

単純に、「月間」の行動目標を営業日数で割れば大丈夫です。

たとえば図表7、図表8の濃いグレーの部分は、月間の各プロセスのＫＰＩを営業日数（ここでは20日）で割った1日当たりのＫＰＩとなります。

この例では月の目標を営業日数で割っていますが、ＫＰＩを半期までにしかブレイクダウンしていない場合は、いきなり半期分の営業日で割って1日のＫＰＩを算出し

図表7 1日の目標達成のための業務プロセス
（営業の場合の例）

営業日数は20日

	DM	電話	アポ	面談	商談化	受注（KGI）
KPI（件）	250	242	60	24	16	12
転換率（%）		97	25	40	67	75
1日当たりのKPI（件）	12.5	12.1	3	1.2	0.8	0.6

ても構いません。

日々のKPIは小数点で現実にはカウントできない数値になることが多いでしょう。

たとえば、「面談」が1・2件や「商談化」が0・8件となった場合は、これはあくまで目安にすれば大丈夫です。

たとえば「面談」の1・2件は、一週間の5営業日のうち、どこかで1日に2件の面談をしていれば、残りの4日は各1件の面談ができていればKPIをクリアできる、といった感覚です。

このように、KPIチェックは、日々のヘルスチェック的な意味で行えばいいと思います。

図表8 1日の目標達成のための業務プロセス（人事の場合の例）

営業日数は20日

	応募	書類選考	一次面接	二次面接	最終面接	内定承諾	採用人数（KGI）
KPI（人数）	112	112	72	45	32	26	20
転換率（%）		100	64	63	71	81	77
1日当たりのKPI（件）	5.6	5.6	3.6	2.25	1.6	1.3	1

以上のように、1日のKPIを設定することで行動目標を1日単位にまで落とし込むことにはいくつものメリットがありますが、一つだけ注意点があります。

本書では単純化したモデルを作成しておりますが、実際には扱う商材によっては売れ行きなどに季節性やその年の気候の影響を受ける場合がありますので、年間や月間の行動目標を単純に営業日数で割っただけでは現実的な日々のKPIを設定できない場合もあります。

そのような場合は前年度の季節による変動の傾向などを加味する必要があるでしょう。

毎日の「行動実績」を記録する

前項では、行動目標を1日単位に落とし込みましたので、日々どのプロセスでどれくらいの努力をすれば、最終的なゴールであるKGIを達成できるのかが明らかになりました。

ここまで来たら、あとは実際に日々の「行動実績」を記録していきます。

――「行動実績」の記録のやり方

図表9 業務実績の記録（営業の場合の例）

10月の営業日数は20日

	DM	電話	アポ	面談	商談化	受注（KGI）
KPI（件）	250	242	60	24	16	12
転換率（%）		97	25	40	67	75
1日当たりのKPI（件）	12.5	12.1	3	1.2	0.8	0.6
10月1日	13	13	2	1	0	0
10月2日	13	12	3	2	1	0
10月3日	12	12	4	2	1	1
10月4日	14	13	3	1	0	0
10月5日	13	13	4	2	2	1

日々の業務実績はエクセルなどを使って図表9や図表10のように記録してもいいですが、気軽にメモ帳やノートに書き込んでも構いません。

自分の体重の記録と合わせて記録するなど、多少の遊び心を入れてもいいでしょう。もしかすると、仕事の成果が出ているときほど減量の成果が出ているといった相関関係に気づくことができるかもしれません。

あるいはもっときっちりと管理したいという人であれば、「1日ごとの達成率」を記録していってもいいでしょう。

ただし、あまり記録内容を煩雑にしてしまうと、習慣化することが難しいかもしれ

図表10 業務実績の記録（人事の場合の例）

10月の営業日数は20日

	応募	書類選考	一次面接	二次面接	最終面接	内定承諾	採用人数（KGI）
KPI（人数）	112	112	72	45	32	26	20
転換率（%）		100	64	63	71	81	77
1日当たりのKPI（件）	5.6	5.6	3.6	2.25	1.6	1.3	1
10月1日	6	7	2	1	0	0	0
10月2日	7	6	4	3	2	0	0
10月3日	4	4	4	3	2	2	1
10月4日	8	7	5	2	1	0	0
10月5日	7	7	4	2	2	2	1

ませんので、注意したいところです。

私としては、できるだけ気軽に素早く記録できる方法がおすすめです。

他にも「備考欄」を設けるのもいいでしょう。

「見積りを求めるお客さんが多かったから、次からはプレゼン資料に盛り込もう」など、その日の改善点を書いていくのです。

これは1日を振り返ったときの覚書として利用します。

1カ月単位での振り返りのときなどに、いつも同じような理由で実績値が下がる傾向があるなど、いろいろな気付きに役立ちます。

このように日次で「行動実績」を把握できていれば、月単位での実績を記録したときになって初めてＫＰＩとの乖離に驚くという事態は避けられます。

また、日次の実績を記録して自分のその日の行動量が明らかになることで、目標を上回っていれば達成感を得られますし、下回っていれば次の日にどれだけ挽回すればいいのかが明確になり、客観的に自己評価ができるので、仕事からプライベートへの切り替えが容易になります。

このことで、モヤッとした不安やストレスを家まで持ち帰ることを防げます。

振り返りは「1日」「1カ月」「3カ月」「半期」で行う

日次で実績を記録することで、自然と1日の終わりに振り返りを行うことになります。

このときに、アポの数は十分だったか、今月は何日目だがどのくらい受注できているか、といった振り返りを行ないます。

そして、振り返りは1日単位だけでなく、1カ月、3カ月、半期ごとにも行ない、実績とKPIの乖離具合を確認するようにしましょう。

私が在職していた頃のキーエンスでも、3カ月に一度はマネージャー評価会という形でKPIや施策の振り返りを行なっていました。

ここでは単にKPIと実績のズレだけでなく、なぜズレが生じているのか、そもそも現在のKPIは適切なのかといったレベルまで振り返ります。

1日単位で振り返るときは、手帳などに手書きで書き込む方法でもいいと思います。実際、私は1日単位での振り返りは最初は手帳に書き込むことで行なっていました。

——「記録の習慣」を続けるコツ

とはいえ、日々の記録は忙しかったり疲れてしまったりするなどでついサボってしまいがちです。

これはダイエットと似ていて、1日や2日サボると急にモチベーションが下がってしまい、面倒くさくなってしまう可能性があります。

ですから、メモ帳に手書きでもエクセルに入力でも、あるいはスマートフォンのアプリを利用するなどでも、とにかく自分が続けられる方法を選びましょう。

特に営業などで出先から直帰する機会が多いような人は、持ち歩いている手帳やスマートフォンを利用できる方法を検討したほうがいいでしょう。

他にも「記録の習慣」を止めてしまう可能性のある注意点として、暇になったときにまとめて記録しようと思わないことです。

まとめて記録しようとしても2、3日前のことでさえ正確に思い出せませんし、記録の負荷が増えてしまいますので、これは絶対に避けましょう。

ダイエットでも、週末にまとめてやろうなどと思った瞬間に、そのダイエットは失敗することが決定してしまいます。

ですから、記録しないと仕事が終わった気がしない、と思えるほど習慣化されるまで、頑張るしかありません。

ちなみにキーエンスの場合は日々申告しなければならないという社内のルールがありましたので、サボるわけにはいかないという強制力がありました。

しかし、自身の会社にそのような仕組みがないのであれば、自分で仕組み化するしかありません。

たとえば簡単な仕組みとしては、毎日就業時間の終わりに記録するために、アラートやリマインドが行なわれるようにスケジュール表やカレンダーといったＰＩＭ(Personal Information Manager)や専用のアプリを利用するなどです。

そしてできれば1週間に一度、難しくても最低1カ月に一度は徹底的に振り返る日を設けて、記録漏れや記録溜めしてしまった作業を取り返せる日を設定するようにします。

会社や部門としてのルールがないのであれば、仲間を募るのもいいでしょう。

1日単位のKPIを目標にしながら日々の行動量をコントロールしていくと、週末や月末には目に見えて結果が出てくるようになります。

このとき、仕事で成果を上げるのは才能や特別な能力ではなく、行動量だったのだと実感できるはずです。

このことに実感を持って気がつけることこそが、毎日の行動を記録する習慣を続けるコツになってきます。

ただし、仕事の種類によっては行動しているときと成果が表れるタイミングに大きなタイムラグが生じる場合があります。

この場合は、たとえば1週間や1カ月の単位で「行動の量」を数値化して可視化したときに、頑張っている割には成果が出ていないと焦ってしまったりモチベーションが下がってしまったりする可能性がありますが、焦りは禁物です。

このような場合は、自身の仕事の性質上、ＫＧＩの達成にタイムラグがあることを理解していれば、慌てることはなくなります。

そのためにもプロセスごとのＫＰＩの達成度を確認するなどしてプロセスを評価することも大切になってきます。

――「結果につながる努力」のためにも記録を続ける

日々記録を続けることの意義は他にもあります。**因果関係が明確になっていくのです。**

まずは本章で「行動の見える化」をしたところで、２章以降では数字から「自分の不足点（課題）」を明確にし、改善する方法をお伝えします。

この「不足（課題）」の分析をする際、**行動実績のデータ（N）がたくさんあるほうが、**

分析の精度が上がります。

たとえばサイコロの「1」が出る確率は「6分の1」ですが、2～3回転がしただけでは「1」が出るとは限らず、確率に大きなブレが生じます。

しかし、20～50回とサイコロを振る回数（試行回数）を増やして分母を大きくすれば、確率は本来の「6分の1」に近づきます。これが「大数の法則」ですね。

これと同じで、行動実績も短い期間の数字だけだと、母数が少なすぎるため、そこから出てくる数字、特に「転換率」が不正確なものになります。

序章でお伝えしたように、「転換率」は「行動の質」の不足点を明確にするための基準となる数字でした。

ですから、不正確な「転換率」を頼りに、「行動の質」の不足点を分析することになるので、正確に原因を突き止められない場合があるのです。

しかし、たとえば、日次の実績を月末に集計して月次の実績としてまとめたときには、1カ月分のデータが蓄積されているので、「転換率」は比較的正確な数字になっています。

そのため、そこから導き出される「行動の質」の不足の原因も正確である場合が多いのです。

これは、「結果にきちんとつながる努力」をするために、非常に重要です。

同じように、四半期、半期、年度単位での行動実績を記録していくことで、数字の精度はどんどんと上がります。

このような期間の考え方は、営業以外でも同じです。

たとえば人事であれば、人材募集のチャネルごとの実績数がある程度、蓄積されたた3カ月や半期といった単位で分析することで、初めてエージェント経由が有効だったのか、媒体経由のほうが有効だったのかといった評価を行なえるようになります。

このように、日々の実績記録は振り返りに役立つと同時に、「自分の不足」の原因の特定の精度を上げ、正しい努力をすることに寄与するのです。

※5　リクナビ２０２４『株式会社キーエンスの採用情報（初任給／従業員／福利厚生）』（https://job.rikunabi.com/2024/company/r791700026/employ/）

※6　厚生労働省『令和３年雇用動向調査結果の概要／入職と離職の推移』（https://www.mhlw.go.jp/toukei/itiran/roudou/koyou/doukou/22-2/dl/kekka_gaiyo-01.pdf）

※7　厚生労働省『令和３年雇用動向調査結果の概要／産業別の入職と離職』（https://www.mhlw.go.jp/toukei/itiran/roudou/koyou/doukou/22-2/dl/kekka_gaiyo-02.pdf）

第2章

数字からボトルネックを見つける

——「行動の量」編

第1章では、数値化により「自分の行動」を見える化しました。
これはいわば「自分の現状」を可視化することです。

第1章で「自分の現状」が可視化されたところで、
第2章、第3章からは「改善」の作業です。

「自分の現状」のうち、
「行動の量」の面ではどこに課題があるのか。
「行動の質」の面ではどこに課題があるのか。
それぞれ「自分の不足点」を特定し、
改善をすることで、
「仕事の結果」を最大化していきます。

まず第2章では、「行動の量」の不足点を見つけ、
改善する方法を紹介していきましょう。

「質」より、まずは「量」を改善するのが基本

改めてですが、「仕事の結果＝『行動の量』×『行動の質』」でした。「仕事の結果」を最大化し「仕事ができる人」になるために、皆さんは「行動の量」と「行動の質」を最大化する必要があります。

「行動の量」とは、たとえば営業の場合、どれだけ多くのアポを取ったか、どれだけ多くの商談を行ったかですし、マーケティングであればどれだけの見込み客にリーチできたかなどです。

人事であれば、どれだけの応募数を集めたか、広報であれば、どれだけの数のプレ

スリリースを出したかです。

すべて、「量」で表せるものです。

一方、「行動の質」は、営業であれば商談のうまさ、プレゼン資料のわかりやすさ、あるいは顧客のフォローのうまさなどで、マーケティングであれば、見込み客を捕まえるためのバナーの内容がいかに魅力的かどうかなどです。

人事であれば面接時に企業や職場、仕事内容の魅力をうまく応募者に伝えられているか、広報であればプレスリリースでいかにメディアに興味を持たせることができる魅力的な内容を記載できるかなどです。

すべて「量」で表すことはできない「質」的な部分です。

では、「行動の量」と「行動の質」のどちらから着手するべきなのでしょうか。

結論から言うと、「行動の量」から着手したほうがいいです。

なぜなら、**「行動の量」を高めるほうが、「行動の質」を高めるよりも容易**だからです。

「行動の量」は客観性が高く、原因が1つに特定できる

「行動の質」を高めるよりも、「行動の量」を高めるほうが容易。

その理由として、まず挙げられるのが、**「行動の量」のほうが客観性が高い**ということです。

たとえば、営業の場合、「面談から商談化への転換率（＝商談化率）」の数字が悪かったとしましょう。

つまり、ここからわかるのは「面談」における「行動の質」が低いということです。

しかし、この場合、質が低い原因は複数考えられます。

たとえば、プレゼンの話し方に問題があるかもしれませんし、プレゼン資料に問題があるかもしれません。

商談の時間の使い方をもっとヒアリングに割くべきなのかもしれませんし、そもそもニーズがある顧客に面談ができていない可能性もあります。

これらのどこに本当の原因があるかは、100%正確にはわかりません。

仮にプレゼン資料を改善したとしても、それがすぐに「行動の質」アップにつながるかは不確実なところが残ります。

人事の場合も同じく、「内定承諾から入社までの転換率（=入社率）」が低い場合、条件提示の内容に問題があるのかもしれません。

あるいは、内定から入社までのフォローアップに問題があったかもしれませんし、そもそも応募者がそこまで会社とマッチしていなかったのかもしれません。

いずれにせよ、本当の原因を特定することは容易ではありません。

また、仮に原因が特定されたとしても、さらにそこから原因が複数出てきます。

プレゼン資料に問題があると特定されたとしても、資料内の情報の出し方に問題があったのか、見積りなどを載せていないことに問題があったのか、資料の枚数が多く冗長であったことに問題があったのか。

どんどんと考えられる原因が出てくるのです。

ですから、「行動の質」は原因の特定が難しく、何か改善をしたとしても、それが成果につながるかどうかは不確実なのです。

一方で、「行動の量」は原因が1つに特定されます。

仮に「電話」の数が不足しているのであれば、原因は単純に「電話の量が少ない」ということですし、「応募」の数が不足しているのであれば、原因は単純に「応募の量が少ない」という、ただこの1つです。

ですから、単純に「電話」や「応募」の量を増やせば、「行動の量」は確実にアップし、そのまま「仕事の結果」のアップにもつながります。

その意味で、「行動の量」は客観性が高く、着手すればするだけ、努力を成果につなげることができるのです。

――「行動の量」はコントロールしやすい

もう一つ、「行動の量」から着手するべき理由として、「行動の量」はコントロールがしやすいという点が挙げられます。

たとえば、営業でいう「商談化率」や人事でいう「入社率」などは、自分ではどうにもできない部分が残ります。

どんなにあなたが質の高いプレゼンをしても、顧客側の予算が足りないという理由で、商談化しない可能性もあります。

どんなにあなたが良い条件提示をしたとしても、応募者側の価値基準で別の会社を選ぶかもしれず、入社には至らないかもしれません。

「行動の質」を考える際、多くの場合で「相手」という不確実な存在がいるため、どうしても自分でコントロールできない部分が残るのです。

一方で、「行動の量」は自分次第で容易に増やすことができるケースがほとんどです。

営業であれば、「DM」や「電話」の数を増やせるかどうかは、自分が「DMを送る」「電話をする」という行動を起こすかどうかという、ただそれだけです。

人事であれば、「応募数」を増やすには、求人広告を増やすか、エージェントを増やすかどうかだけであり、比較的自分次第でどうにかなるケースがほとんどです。

特に若いビジネスパーソンでまだ経験もスキルも十分ではないという場合は、「行動の量」を増やすことが成果を出すための最短ルートとなります。

「行動の量」は自分の精神面を守ってくれる

また、他にも「行動の量」から着手したほうがいい理由として、「自分の精神面のケア」に役立つという点が挙げられます。

そもそも、人は無意識のうちに「行動の質」に逃げがちです。

あなたも日々仕事をする中で、「自分の打診の仕方に問題があるのではないか」「自分の話し方に問題があるのではないか」と自分の能力や技術力、つまり「行動の質」ばかりに目が行くのではないでしょうか。

あるいはこれが行き過ぎると「自分に人間的魅力がないからいけないのではないか」といった考えに至ってしまう場合もあります。

いずれにせよ、最初から「行動の質」を考えてしまうと、自分を必要以上に責めてしまい、気分の浮き沈みが生まれてしまいます。

しかし、実は多くの場合、「単純に量が足りていない」ケースがほとんどだったりします。

キーエンス時代、私が外回りをしている間に私の担当の見込み客から会社に問い合わせがあると、他の社員が私の代わりにアポを取っておいてくれることがありました。

私の帰社を待っていては、対応が遅くなってしまうためです。

帰社してからそのアポを見ると、「自分ならこのような企業にはアポを取らないな」と思うような相手のアポが取られていることも多々ありました。

ところが、そういうアポに限っていざ訪問してみると実に感触が良く、あっさりと売れてしまうことがあったのです。

つまり、10年営業をやっていても、どの顧客に売れるかどうかはやってみないとわからないところがあるということです。

事前にここなら売れそうだと判断してアポを取っても、商談化にすら至らないケースも少なくありません。

この経験からも、「自分の能力や技術力の問題だ」というのは単なる思い込みのケースが多く、それよりも単純に量を増やすことのほうが、成果が出ることがわかりました。

「行動の量」を増やしてみると目に見えて成果が出ますので、これまで成果が上げられなかった理由が自分の能力や技術力によるものだという思い込みから解放されます。

「なんだ、悩む以前に、そもそも量が足りていなかったのか」と気づけるのです。

成果も出やすいので、だんだんと仕事がゲーム感覚になってきて、日々、気分の浮き沈みもありませんから、さらに成果が出るという好循環に自分を持っていくことができるのです。

「行動の量」を増やすことは根性論ではない

このように「『行動の量』が大事」という話をすると、

「結局、根性論ですか?」
「今の時代に『量』なんて、考えが古すぎる」

と誤解される方がいますが、私が考える「根性論」とは、どの方向にどこまで努力すればいいのか不明確なまま、むやみに努力した結果、さほど成果が上がらず、再びむやみに努力するという悪循環のことです。

しかし、本書で述べている「行動の量」とは「成果を上げるための方向性（プロセス）」と、「どこまで努力をすればいいのか（KPI）」を明らかにした上で必要なだけの努力を効率的に行うことです。

しかも成果が出せますので、さらに努力の目標と量をプロセスごとのKPIに設定することで、効率的な努力をして成果を上げるという好循環をもたらす行動です。

このような誤解をされている方は、キーエンスの社員も根性論を持って猛烈に働いている印象を持たれているようです。

しかし、キーエンスでは現在、午後9時には完全退社しなくてはなりませんし、皆さん合理的に仕事をしています。

むしろ、キーエンスでは徹底した数値化によって合理的に働くことが求められています。

数値化とはむしろ、努力を最小にして成果を最大にするための営みなのです。

まずは「最上流のプロセス」の数字を優先して改善する

さて、ここまで「行動の質」よりも「行動の量」から改善するべき理由をお伝えしてきました。

理由がわかったところで、ここからは実際に「『行動の量』のボトルネック（不足点）を見つけ、改善する方法」をお伝えしていきます。

ボトルネックを見つける際、まず最初に意識してほしいことがあります。

それは「まずは『最上流のプロセス』の数字を見る」ということです。

「最上流のプロセス」の数が「結果」を決定づける

「最上流のプロセス」とは何でしょうか。

たとえば、営業の場合では、「DM↓電話↓アポ↓面談↓商談化↓受注」というプロセスがありましたが、この場合の最上流のプロセスは「DM」になります。

もし、「DM」を省いて電話をかけることからプロセスが始まっている場合は「電話」が最上流となります。

一方、人事での人材採用のプロセスは「応募↓書類選考↓一次面接↓二次面接↓最終面接↓内定承諾↓入社」というプロセスがありましたから、最上流は「応募」になります。

では、なぜ「最上流のプロセス」を優先して改善するべきなのでしょうか。

それは、このプロセス管理では、上流から下流に行くにつれて、数字が絞られてい

図表11 人事と営業のファネル

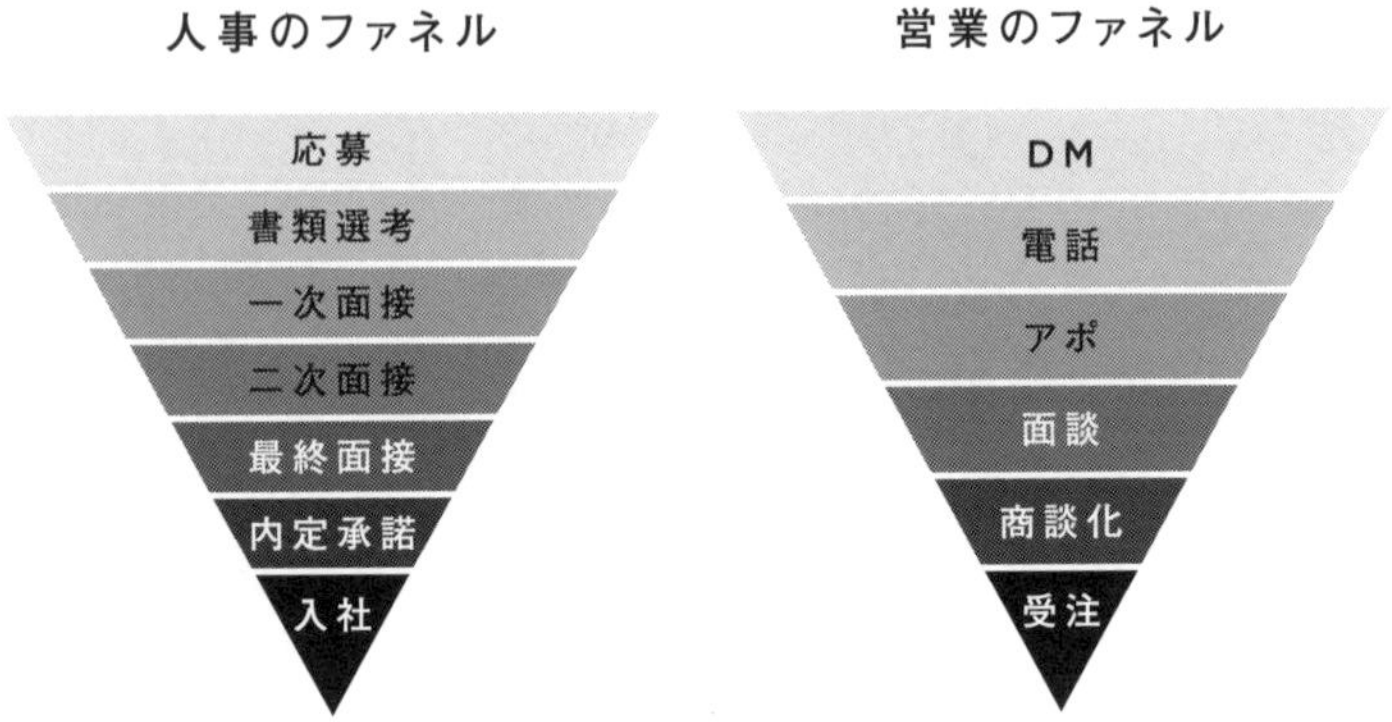

くからです。

当然ながら、最上流であるDMや応募の数が一番多くなりますし、逆に最下流である受注や入社の数は一番数値が小さくなります。

このように、プロセスを重ねるごとに数値が絞られていくモデルを「ファネル（漏斗）」と呼びます（図表11）。

ファネルは特にマーケティングで用いられる用語ですが、ビジネスでは広く使われています。

図表を見ていただくとわかる通り、上流から下流に行けば行くほど、数が絞られていくのがわかると思います。

たとえば、50件のDMを送ったのであれば、受注件数が50件を上回ることはないのです。

しかし、100件のDMを送ったのであれば、受注件数が50件を上回る可能性が出てきます。


ということは、DMや応募の数が少なければ、必然的に受注や入社の数も少なくなります。

ですから、受注や入社の数を増やしたかったら、まず大前提としてDMや応募の数を増やす必要があるのです。


私がキーエンスで営業をしていたときにも、最上流の「行動の量」を増やすことで売上低下を挽回できることを体験しています。

あるとき売上が厳しくなったことがありました。

その際、営業時間が終わったあとで毎日企業のリストアップをして、DMをたくさん出しました。

最上流のプロセスの行動量を増やしてみたのです。

すると必然的に電話をかける先が増えてアポの数が増えました。

そして、最終的には売上が上がったのです。

しかも、当初は売上が激しく落ち込んだ時期であったにもかかわらず、チーム全員で同じ行動を増加させ売上が急増したことで営業のチームランキング1位を獲得できました。


これは実に単純な施策でした。能力や技術は関係ありません。

ただ、最上流の「行動の量」を増やしただけです。

仕事の成果とは、これほど単純に上げることができるのだ、と実感したものです。

──「上流のプロセス」はコントロールがしやすい

さらに、「最上流のプロセス」を優先すべき理由として、『上流のプロセス』はコントロールしやすい」という点が挙げられます。

たとえば、たとえ「行動の量」であっても、「商談化の数」や「内定者の数」などの下流のプロセスは「相手（顧客や志願者）」がいるものなので、不確実な部分が残ります。

一方、「DM」や「応募」などの上流のプロセスは基本的に「相手」は関係ありません。

「DM」を増やすにも、「応募」を増やすにも、基本的には「自分が動くかどうか」だけです。

「上流のプロセス」ほど、自分でコントロールがしやすいのです。

前節で私が「『行動の量』は自分次第で容易に増やすことができるケースがほとんど

です」と、少し曖昧な言い方をしたのはこのためです。

「行動の質」と比べると、「行動の量」のほうがコントロールしやすいのは間違いありませんが、ただ、「行動の量」のすべてがコントロールできるわけではありません。

コントロールしやすい「行動の量」の中でも、特にコントロールがしやすいのが、「『行動の量』の上流のプロセス」になります。

コントロールしやすく、しかも、同じ確率であれば、下流である「KGI」の数を大きく左右する。

「最上流のプロセス」からメスを入れない手はありません。

「行動の量」のボトルネックを見つける方法

「行動の量」を増やす優先順位として「最上流のプロセス」の行動量を増やすことがファネルの一番上を増やすことになり、その後のプロセスの行動量を必然的に増やすことがわかりました。

このように、まずは「最上流のプロセス」を押さえることで成果を上げることができたら、次に「行動の量」のボトルネックを探し出して課題を解消する必要があります。

では、「行動の量」のボトルネックを見つける方法とは何か？

それは、**「比較」**です。

図表12「3つの比較軸」で、数字を立体的に見る

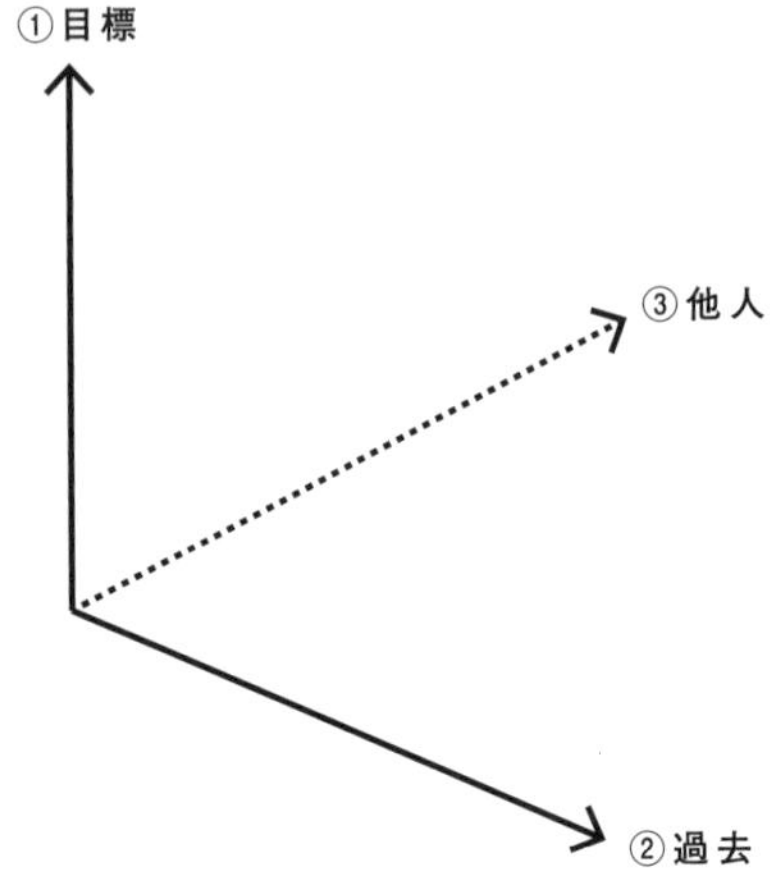

数字というものは、何かと比較してみないと良し悪しが評価できません。

たとえば、自分は1日に4件の顧客を訪問している、1日に10件の応募数を集めているという場合、これだけだとこの数が多いのか少ないのかはわかりません。

同じように、業務のプロセスごとの数字も、何かと比較しなければ、それが良いか悪いか評価できませんし、逆に言うと、比較した結果、数字が悪いところがボトルネックになります。

「行動の量」のボトルネックを見つけるための「比較」には、3つの方法があります(図表12)。

順に見ていきましょう。

メソッド 1 ――「行動目標」と「行動実績」を比べる

「行動の量」のボトルネックを探し出す「比較」の1つ目は、「行動目標（KPI）」と「行動実績」との比較です。

「行動目標」は基本的に、過去の実績を基に立てた計画です。

ですから、この数字に対して「行動実績」が低かった場合は、目標が間違っていたのか、あるいは自分の行動量が足りなかったのかのどちらかになります。

「行動目標」が過去の実績に基づいて現実味のある伸びしろを加えた数字を示しているとすれば、自分の「行動の量」のどこかに見立てが甘かった箇所があると考えられます。

ダイエットで体重を60キロまで落とすことを目指していたのに62キロまでしか落と

図表13 「行動目標」と「行動実績」の比較（営業の例）

行動目標（8月）

	DM	電話	アポ	面談	商談化	KGI＝受注
合計件数	20	20	2	2	1	1

-7%

行動実績（8月）

	DM	電話	アポ	面談	商談化	KGI＝受注
合計件数	13	13	1	1	0	0

せていなければ、運動量か食事制限のどちらかに問題があったとわかります。

　このとき、体重を60キロに落とす目標が無謀だったのかというと、実は過去に体重が60キロだった時代があったのであれば、決して非現実的な目標ではなかったと言えます。

　図表13は、8月の「行動目標」と「行動実績」のプロセスごとの数字を表しています。

「DM」と「電話」を見ると、行動目標では20件であったのに対し、行動実績では13件となっています。

　これは明らかに、目標に対して少ない実

図表14　「行動目標」と「行動実績」の比較（人事の例）

行動目標（半期）

	応募	書類選考	一次面接	二次面接	最終面接	内定承諾	KGI＝採用人数
合計件数	155	93	84	42	21	15	12
転換率（%）		60%	90%	50%	50%	71%	80%

行動実績（半期）　-35%

	応募	書類選考	一次面接	二次面接	最終面接	内定承諾	KGI＝採用人数
合計件数	120	70	63	32	16	11	9
転換率（%）		58%	90%	51%	50%	69%	82%

績であったとわかります。

このとき、行動目標の数字が過去の実績に基づいた根拠のある合理的な数字であれば、8月の行動量が少なかったと判断できます。

そこで「DM」と「電話」の件数を増やすことが「改善」になります。

したがって、この場合の「行動の量」のボトルネックは「DM」と「電話」であることがわかります。

同様に人事部の人材採用の例を見てみましょう。

図表14は、人事部の人材採用について、半期の「行動目標」と「行動実績」を表し

ています。

この例では「応募」の目標が155件に対して、実績が120件と大きく下回っています。

「書類選考」も93件から70件と大きく下回っています。

ただし、後ろのプロセスはその手前のプロセスの行動量の制約を受けるので、各目標の数字との比較だけではそのプロセスの行動量がどれほど下がったのかがわかりません。

そこで転換率を参照します。

すると、「書類選考」の転換率（「応募」のうち、どれくらいが「書類選考」に至ったかの割合）は行動目標の転換率とさほど変わっていません。

これは、「応募から書類選考に至るまでの『質』は下がっていない」ことを示し、そのため、「書類選考」の行動量が小さくなったのは「応募」の行動量が小さかったためだとわかります。

他の転換率を見ても、基本的にはどこも大きく転換率が落ちていないことから「行動の質」としても問題がないことがわかります。

それにもかかわらず、どのプロセスにおいても「行動実績」が「行動目標」を下回っているのは、上流である「応募」が「行動の量」のボトルネックとなっているからだとわかります。

メソッド2 ――「過去の数字」と「行動実績」を比べる

2つ目の「比較」の方法として、「過去の数字」と「行動実績」の比較があります。

過去の実績は、実際に実現した数字を示していますので、とても説得力のある数字です。

過去の実績に対して現在の実績が低かった場合は明らかに行動量が下がったと判断できます。

しかも、本来なら実績は上がっていかなければなりません。

それが過去の実績より下がっている場合は明らかに問題です。過去の実績は自分の成長のために確実に超えていかなければならない数字だからです。

つまり、目標と比較することは「計画性の確認」になり、過去の実績と比較することは「成長度の確認」、そしてこの次に紹介する3つ目の「他人との比較」は「相場との乖離の確認」をする役割があります。

それでは、実際に具体例とともに「過去の数字」と「行動実績」の比較をやってみましょう。

図表15は、「2022年8月の行動実績」と「2023年8月の行動実績」です。過去の実績と比較する場合には、前月と比較する方法もありますが、月によって月間の稼働日数が異なったり、商品によっては季節性があったりするため、**前年度の同じ月と比較したほうがより現実的な確認ができます。**

営業の例の実績を比較すると、「DM」と「電話」が前年同月よりも下がっていますので、ここは大きな問題となります。

図表15　「過去の数字」と「行動実績」の比較（営業の例）

行動実績（2022年8月）

	DM	電話	アポ	面談	商談化	KGI＝受注
合計件数	18	18	2	2	1	1

行動実績（2023年8月）

	DM	電話	アポ	面談	商談化	KGI＝受注
合計件数	13	13	1	1	0	0

過去にできていたのに成長していないどころか下がっているということです。

キーエンスでは過去の実績に対して下がっていることは、目標未達以上に問題視されます。

同じ能力の人の「行動の量」が下がっていることになるためです。

つまり、コントロールできるはずの「行動の量」をコントロールできていなかったと評価されるわけです。

本来であれば、現在の実績は前年同月の実績に対して伸びていなければなりません。

同様に人事の例も見てみましょう。

図表16 「過去の数字」と「行動実績」の比較（人事の例）

行動実績（2022年上半期）

	応募	書類選考	一次面接	二次面接	最終面接	内定承諾	KGI=採用人数
合計件数	120	70	63	32	16	11	9
転換率（%）		58%	90%	51%	50%	69%	82%

行動実績（2023年上半期）

	応募	書類選考	一次面接	二次面接	最終面接	内定承諾	KGI=採用人数
合計件数	110	66	58	29	15	10	8
転換率（%）		60%	88%	50%	52%	67%	80%

図表16は人事部の人材採用に関して前年度の上半期と今年度の上半期の実績を表しています。

１年前よりもＫＧＩである採用人数が９人から８人に減っており、これは大きな問題です。

この例でも、最上流のプロセスである「応募」が１２０件から１１０件に下がっています。

それにともない他の「行動実績」も下がっていますが、転換率は大きく落ちていないことを見ると、やはり「行動の量」、特に上流に当たる「応募」や「書類選考」にボトルネックがあることがわかります。

メソッド3 ——「他人の数字」と「行動実績」を比べる

3つ目の「比較」の方法が、「他人の数字」と「行動実績」の比較です。社内の他のプレイヤーの行動実績と、あなたの行動実績とを比較します。

「他人の数字」と比較することの有益性は、ベンチマークになるということです。たとえば、自分が入社2年目であれば、同じ入社2年目の人と比べてどこに差が出ているのかを客観的に見ることができます。

また、複数の人たちと比較すれば、相場感が養われてきますので、自分の実績が平均的なのか、案外いい線いっているのか、あるいは全く努力が足りていなかったのかなども見えてきます。

さらに、他の人たちに対して自分の「弱いプロセス」や「強いプロセス」も見えてきますので、「行動の量」の改善ポイントに気づきやすくなります。

時に、自分の成長だけを見ていては伸び悩むときがあります。

そのようなときには社内のトッププレイヤーの実績と比較してみるといいでしょう。結果としての売上だけを比較しても何も見えてきませんが、プロセスごとの数字を比較すると、トッププレイヤーがどのプロセスで他の人たちに圧倒的な差をつけているのか見えてきます。


また、私の知る限りでは、トッププレイヤーの「行動の量」を見ると、平均と比較して2倍前後の量をこなしていることがわかります。

「才能」だの「テクニック」だのという以前に、「行動の量」が圧倒的に異なるのです。

この事実を目の当たりにすると、「あの人は特別な才能があるから」や「顧客の筋がいいから」といった自己弁護のための推測が外れていることに驚きます。

才能やテクニック論に走っていた人は、それが単なる逃げであったことに、いい意味で気づかされるでしょう。

また、あるプロセスが突出して大きな数字になっていた場合は、社内で共有できている情報からトップププレイヤーの行動を分析してもいいのですが、手っ取り早いのはどのような努力や工夫をしているのかを本人に尋ねてみることです。

トッププレイヤーの口から語られる努力や工夫は説得力がありますし、直接であれば納得いくまで質問することができます。

以上、3つの面から「行動の量」を比較する方法を説明してきましたが、**結論としては「行動の量」は多面的に評価することで、より客観的に評価でき、改善点も明らかにしやすいということです。**

このことは、私の実体験に基づいています。

私がキーエンスの営業だったときは、「①：『行動目標』と『行動実績』を比べる」しか行っていませんでした。

ところが5年間ほど営業をしたあとで本社に異動した際に、事業部長の数字の見方が多面的であったことに衝撃を受けたのです。

私が「行動目標」に対してのみ「行動実績」を評価していたところ、事業部長は「過去の実績」や「他の人たちの実績」とを見た上で立体的に比較していました。

私は目標に対しての進捗しか見ていませんでしたが、他の商品ラインや過去との比較に基づいた視点では全く変わってきます。

ここで私は、数字の見方を鍛えられたのです。

今考えればこの見方を早く知りたかったと思いますが、非常に汎用的な数字の見方なので、ぜひ活用してみてください。

「1日480分」のリソース配分を調整し、ボトルネックを解消する

ここまで、「行動の量」のボトルネックを見つけるために、「行動実績」を「行動目標」、「過去の数字」、「他人の数字」と比較する3つの手法を見てきました。

このようにしてボトルネックを見つけたら、このあとはそれを解消することで、改善をする必要があります。

では、「行動の量」のボトルネックはどうしたら解消できるのでしょうか。

それが、「自分のリソースの配分を調整する」ということです。

「何にどれくらい時間を割き、何を捨てるか」を決めるのです。

480分が「付加価値を生み出せる時間」だと考える

よく企業経営で、「戦略とはリソースの配分である」と言われます。

経営戦略とは、限られたリソースを適切なところに配分できるかどうかの勝負であり、「資源の配分」こそが、経営がうまくいくかいかないかを決めるのです。

これは、企業だけでなく、個人についても言えます。

では、個人にとってのリソースとは何でしょうか。

それが**「時間」**です。

あなたが1日に働く時間は60分×8時間＝480分と限られています。

この限られた時間をいかに「付加価値の高い仕事」に集中させられるかどうかが、あなたの仕事の結果を左右します。

「行動の量」のボトルネックを解消するとは、まさにこの「1日480分という、あ

なたの限られた時間を何にどれくらい割いて、何をしないか」を調整する作業です。

たとえば、営業で、「行動の量」のボトルネックを分析したところ、「電話」の量に問題があるとわかったとしましょう。

この場合、まずは「電話」の量を増やします。

かといって、残業時間を増やすわけではありません。

「1日480分」しかない中で、「電話」の量を増やしたわけですから、当然、他の何かを減らす必要が出てきます。

そこで、1日の中での各業務の時間配分を見直します。

このときの選択肢としてはいくつか考えられるでしょう。

- 1回の「電話」にかける時間を減らす
- 1日の作業のうち、「電話」以外のタスクで「作業時間を減らすもの」を決める
- 1日の作業のうち、「電話」以外のタスクで「やらないもの」を決める
- 1日の作業のうち、「電話」以外のタスクで「人に任せるもの」を決める

などの時間調整をしていくことで、「電話」の量を増やしていきます。

たとえば、「MTGといえば1時間」というのが一般的な認識になっていますが、実際のところそんなにかからないケースは多数あります。

大幅に減らすのは難しいかもしれませんが、1回のMTGの時間を「45分」にするだけでも15分の新たな時間ができますし、もし1日に4件MTGがあれば、15分×4＝1時間の時間を捻出できます。

このようにして、「電話」の量を増やすための時間を捻出します。

あくまで「1日480分」は固定のまま、その配分をより高付加価値な作業に振り分けていきます。

ここまで営業を例に説明してきましたが、たとえば人事のボトルネックの解消ではどのようなことを検討すべきか見てみましょう。

図表17　「行動目標」と「行動実績」（人事の例）

行動目標（半期）

	応募	書類選考	一次面接	二次面接	最終面接	内定承諾	KGI＝採用人数
合計件数	155	93	84	42	21	15	12
転換率（%）		60%	90%	50%	50%	71%	80%

行動実績（半期）

	応募	書類選考	一次面接	二次面接	最終面接	内定承諾	KGI＝採用人数
合計件数	120	70	63	32	16	11	9
転換率（%）		58%	90%	51%	50%	69%	82%

たとえば図表17を見たときに、行動目標に対して行動実績を確認したところ、「応募」件数が足りていません。

つまり「応募」がボトルネックです。

この場合、「1日480分」のリソースをどのように調整すればいいでしょうか。

人材採用に関してはいくつかのチャネルがありますが、たとえばダイレクト・リクルーティングなのであれば、「スカウトの送信数」を増やすことにリソースを集中させます。

このとき、同じように、以下を実施することで、「スカウト送信作業用の時間」を捻出していきます。

・1回の「スカウト送信」にかける時間を減らす
・1日の作業のうち、「スカウト送信」以外のタスクで「作業時間を減らすもの」を決める
・1日の作業のうち、「スカウト送信」以外のタスクで「やらないもの」を決める
・1日の作業のうち、「スカウト送信」以外のタスクで「人に任せるもの」を決める

また、人材採用においては応募数が増えれば面接数も増えてきますので、面接数を増やすために、面接の時間を60分かけていたところを45分に圧縮する方法を検討することも有効です。

たとえば質問事項を必要最小限にまとめるなどもいいでしょう。

――「1週間の業務内容」を書き出して見直す

このように「1日480分」という限られたリソースをより高付加価値な業務に配分するわけですが、この再配分を行なう前提として、そもそも現在のリソースがどのように配分されているのかを1週間単位で見直すといいでしょう。

つまり、1日480分×5日＝2400分のうち、「あなたが現在、何にどれくらいの時間を割いているのか」を、一度書き出して見える化するのです。

1週間の業務内容を記録して見直すと、会議が長すぎることや無駄な作業をしていることなどが見えてきます。

また、提案書作成や見積書作成に時間がかかりすぎていることなども見えてくるでしょう。

——適切なリソース配分を見極める「4Dフレームワーク」

本章の最後に、「1日480分」のリソース配分に迷った際に役立つフレームワーク

図表18 タイムマネジメントのフレームワーク

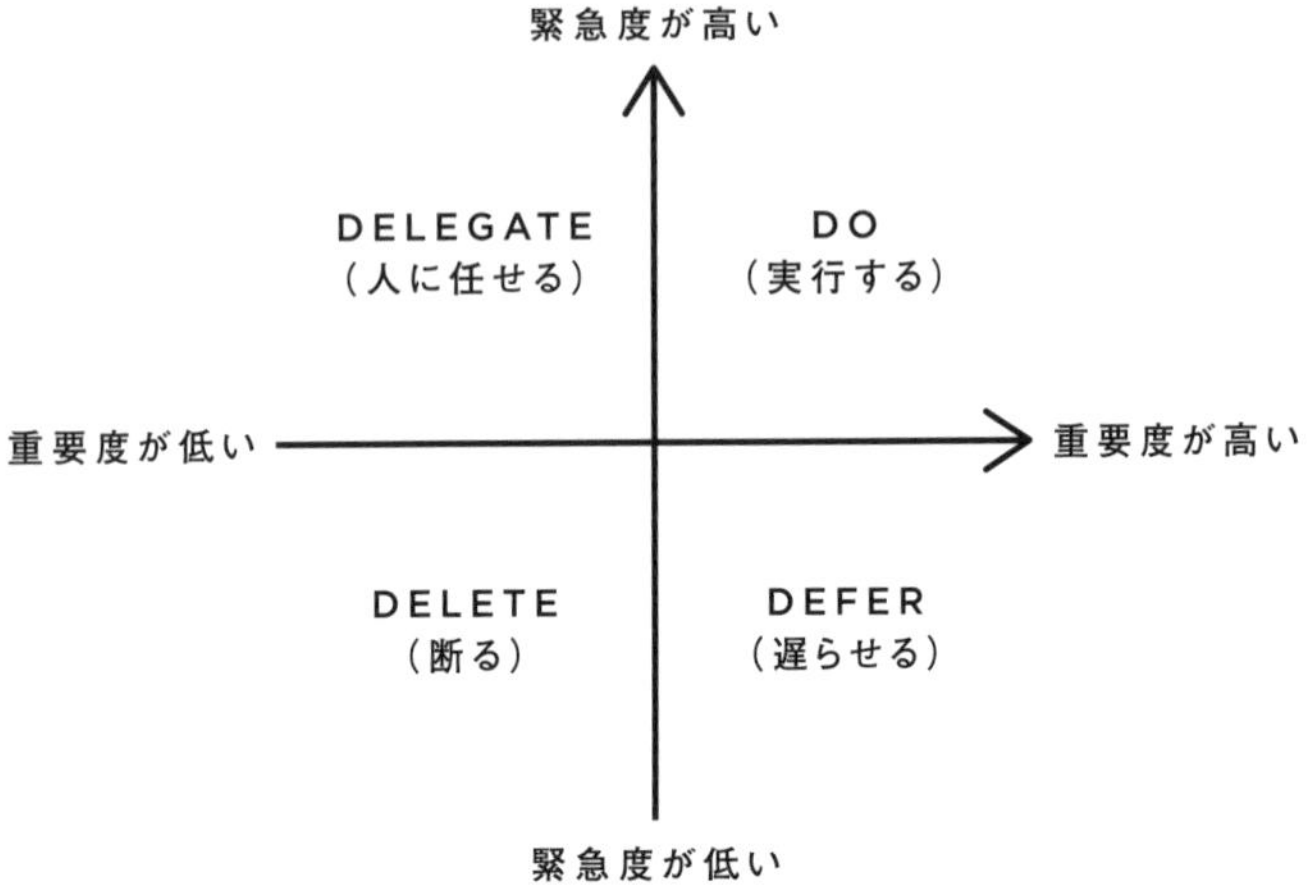

を紹介しましょう。

図表18はタイムマネジメントで有名な「4D」マトリックスの図です。

このフレームワークを利用して、いったん自分の仕事の優先度を確認します。

このマトリックスの4つの象限に自身の業務を分類し、「重要かつ緊急な仕事（DO）」は自ら作業しなければなりませんが、「重要ではないが緊急な仕事（DELEGATE）」は他の人に任せるかアウトソースします。

そして「緊急ではないが重要な仕事（DEFER）」は後回しにして、「重要でも緊急でもない仕事（DELETE）」は思い切って「やらない」という判断を行います。

このようにタイムマネジメントを行うことで、時間的な余裕を創出して、「行動の量」の記録と数値化された結果からPDCAを回せるようにします。

たとえば営業でも、受注まで行ったらその後の事務的な手続きなどは他の人に任せることを検討できるでしょう。

第3章

数字からボトルネックを見つける

——「行動の質」編

「仕事の結果」＝「行動の量」×「行動の質」

第2章ではこのうち
「行動の量」のボトルネックを見つけ、解消することで、
「行動の量」を最大化する方法をお伝えしました。
これまでもお伝えしてきたように、
基本原則として「行動の質」よりも
まずは「行動の量」を改善するのが先です。

しかし、あなたというリソースが限られている以上、
「行動の量」の改善によって成果を高める手法にはいつか限界がきます。
その時にこそ、「行動の質」の改善です。
第3章では「行動の質」のボトルネックを見つけ、
解消する方法をお伝えしていきます。

「8割のリソースを割くべきポイント」を見つけ出す

第2章の「行動の量」におけるボトルネックを改善していただくだけで、「仕事の結果」は大きく変わってきます。

ビジネスには必ず「相手」がいます。

どんなに手を尽くしても、「相手」がOKをするかは、「相手次第」な部分が残ります。

こういった際に一番良くないのが、「一人の相手」に固執することです。

「たった一人の不確実な相手」に、あれこれと手を尽くす。

どんなに素晴らしい提案をしたとしても、「0」という結果に終わるかもしれませんし、仮に成功したとしても、こんなにも労力と時間をかけて、得られたのはたった「1」という結果だけです。

そうではなく、たくさんの「相手」にアプローチをしていくことが大事です。

今の時代に根性論に聞こえてしまうかもしれませんが、**「『不確実な一人の相手』にアプローチするより、『不確実なたくさんの相手』にアプローチをしたほうが、最終的にOKしてもらえる数は増える」**という、至極、合理的な話です。

こうして、「行動の量」に着手していただくだけで、既にかなり「仕事の結果」は改善され、「仕事ができる人」に近づいているでしょう。

しかし、これまでもお伝えしているように、行動できる時間が限られている以上、「行動の量」を増やすことによる改善にはいつか限界がきます。

このときに、「さらなる高み」を目指す。

周りに圧倒的な差をつけ、真に「仕事ができる人」になる。

そのために次に行うのが「行動の質」の改善です。

――「ここさえ改善すれば、結果が〝大きく〟変わる点」はどこか？

「行動の量」はとても重要ですが、**「効率性」**については度外視をしています。

「行動の量」の改善で「量」は確保したところで、次に「効率性」を高めていくことで、「仕事の結果」を高めていく。

それこそが、「行動の質」の改善です。

たとえば、営業であれば商談のうまさ、プレゼン資料のわかりやすさ、あるいは顧客のフォローのうまさなどで、マーケティングであれば、見込み客を捕まえるためのバナーの内容がいかに魅力的な内容かどうかなどです。

人事であれば面接時に企業や職場、仕事内容の魅力をうまく応募者に伝えられているか、広報であればプレスリリースでいかにメディアに興味を持たせることができる魅力的な内容を記載できるかなどです。

このような「質」的な部分を改善することで、「仕事の効率」に切り込んでいきます。

「効率性」に切り込んでいくからには、**「割く時間や労力に対して、得られるものが最も大きくなる改善」**がベストな改善です。

「行動の質」の改善とは、このような「ここさえ改善すれば、結果が大きく変わる点」を見つけ出し、改善する作業です。

そして、それを実現するのが「キーエンスの数値化」になります。

——「行動の質」の改善は、仕事を楽しくしてくれる

「行動の質」を改善することは、「行動の量」を改善することよりもクリエイティブな作業となるため、やってみるととても楽しい作業でもあります。

プレゼン資料を改善したり、営業のトークの内容を変えたり、あるいは顧客へのア

プローチ方法を工夫したり、電話をかけるタイミングを変えてみたりするなどです。トークにしても、デモンストレーションにしても、毎回同じではつまらないですよね。

自分で創意工夫しながら顧客の反応の変化を数字で可視化できると、仕事が単調でつまらないということがなくなります。

クリエイティブな作業でＰＤＣＡを回して、施策が的中したときには明らかに転換率が高まり成果が出たことの手応えを得られますので、まるでゲームをしているような感覚を覚えます。

分解したプロセス同士の割合「転換率」を見る

「行動の量」の改善をしたのちに、さらなる高みを目指すために、「行動の量」ではできなかった「効率性」に切り込む。

これこそが、「行動の質」を改善する意義でした。

「行動の質」を改善する意義がわかったところで、ここからは実際に「行動の質」のボトルネックを見つけ、改善する方法について解説していきます。

それでは、「行動の質」のボトルネックを見つけるためには、どんな数字を見たらいいのでしょうか。

図表19 プロセス管理の例（営業の場合）

行動目標（2023年8月）

	DM	電話	アポ	面談	商談化	受注（KGI）
合計件数	250	242	60	24	16	12
転換率（%）		97%	25%	40%	67%	75%

図表20 プロセス管理の例（人事の場合）

行動目標（半期）

	応募	書類選考	一次面接	二次面接	最終面接	内定承諾	KGI=採用人数
合計件数	155	93	84	42	21	15	12
転換率（%）		60%	90%	50%	50%	71%	80%

それが、序章でも紹介した「転換率」です。

この「転換率」はとても大事な概念ですので、ここでもう少し詳しく解説していきましょう。

「転換率」を見れば、「行動の質」がわかる

図表19、図表20は営業の場合と人事の場合のプロセス管理の例です。

濃いグレーのセル部分の数値が転換率になります。

たとえば「応募」が155件だったうちで「書類選考」を通過したのは93件となっ

ていますから、書類選考の転換率（応募の総数のうち、書類選考を通過した割合）は60％となります。

この60％は、「応募」が来たうち「書類選考」を通過した確率を示しており、ここの数字が低いと書類選考まで至る候補者が少ないことを意味します。

この確率を高めることができれば、同じ「応募」の件数でも「書類選考」の件数が増えることになります。

転換率とはあるプロセスの「行動の量」に対する次のプロセスの「行動の量」の割合です。

つまり、**「ファネルにおいて次の層に絞られる確率」**を示します。

転換率の「転換」はプロセスが変わったことを意味します。

式で表すと次のようになります。

転換率＝該当プロセスの量÷直前のプロセスの量×100

この転換率は逆行することはできません。

製造業で言うところの歩留まりに相当します。

ですから、「応募」が155件であれば「書類選考」を通過した件数が155件を上回ることはありません。

必ず一定の確率により絞り込まれていきます。


それではなぜ転換率を見る必要があるのでしょうか。

改善すべきプロセスを見つけ出すために、「行動の量」でアプローチする際には件数を見ました。

同様に改善すべきプロセスを見つけ出すために、「行動の質」でアプローチする際には転換率に注目するのです。

なぜなら、転換率は前のプロセスの成果をどれだけの確率で次の成果につなぐことができたのかを示しているからです。

たとえば、先ほどの例であれば、「応募」が155件に対して「書類選考」を通過したのが93件の場合に、改善点を「行動の量」でアプローチすれば、「応募」の件数をもっと増やせばいいという結論に至ります。

しかし、もうこれ以上応募を増やすことができないのであれば、同じ件数の「応募」の場合に「書類選考」の通過につながる確率を上げるという「行動の質」の改善に着目することになります。

この「確率（前のプロセスの成果をどれだけの確率で次の成果につなぐことができたのか）」が低いということは、そのプロセスの「質」が低いということで、そのプロセスがボトルネックになります。

したがって、このプロセスを改善することで、「行動の質」を高めることができます。

先ほどの例であれば、これを数字で確認するためには、「応募」から「書類選考」につなげた確率である転換率に注目する必要があるのです。

――「目標の転換率」を決める際の注意点

転換率で注意したいのは目標とする数字の立て方です。

第1章でも簡単に触れましたが、転換率で注意すべきなのは「行動の量」のときのように数字を増やすのではなく数字を小さくするか同等にすることです。

つまり、保守的に確率を見るのが重要です。

その理由は、転換率は確率ですから、これを大きくしてしまうと直前のプロセスの行動量が次の行動量を導き出す確率が上がってしまい、より簡単に成果が出せると錯覚してしまうためです。

つまり、ファネルが狭まらずに広がってしまうのです。

たとえば先月の実績で「電話」を100件かけたところ「アポ」が50件取れたので転換率は50%だったとした場合を考えます。

この場合、今月の転換率の目標を大きくして60％にしてしまうと、「電話」を83件かければ「アポ」は50件取れてしまうことになりますので、今月は先月よりも楽してもいいという勘違いに陥ってしまいます。

常に目標は難易度を高めに設定すべきですので、転換率である確率は下がるかもしれない、もしくは変わらないかもしれないという前提にしなければなりません。

この例であれば、「電話」から「アポ」への転換率は先月の50％より小さくするかそのまま維持するかになります。

そうすれば、「アポ」を先月より増やすためには、「電話」の件数を増やさなければなりません。

ただし、転換率を低めに設定することで確率が下がったときでも「行動の量」の成果を出せるように目標を立てるのは、プロセスの上流で「行動の量」を増やせている間までです。

その理由は、プロセスの上流の「行動の量」が限界に達している場合は、もはや「行動の質」を上げることでしかKGIを増やせないからです。

つまり、この段階に至っているのであれば、どんどん「行動の質」を高めることを目標にしなければなりません。

実際、私がキーエンスの営業だったときは、目標自体を前年度の2倍と一気に上げていましたので、「行動の量」は既に限界に達していました。

そのため、「行動の質」である転換率を上げざるを得なかったのです。

たとえば「電話」から「アポ」への目標の転換率を上げて、それをクリアするために「行動の質」を高めるべく地道に改善に努めていました。

この例であれば、「電話」をかける件数が同じでも「アポ」につなげる確率が高まるようにトーク内容を改善したり電話をかけるタイミングを工夫したり、電話をかける先のリストのマッチング率を高めるなどの工夫を行うことになります。

「行動の質」のボトルネックを見つける方法

「転換率」とは直前のプロセスの行動量に対する次のプロセスの行動量の割合であり、「行動の質」を示していることがわかりました。

したがって、転換率に注目すれば、「行動の質」を改善すべきプロセスを見つけることができます。

そこで次に、この「転換率」を見ながら「行動の質」のボトルネックを見つける方法を見ていきます。

その方法は「行動の量」のときと同様、**「比較」**になります。

図表21 ダーツの命中率

名前	A	佐藤	鈴木	高橋	田中	伊藤	渡辺	中村	小林	加藤
命中率（%）	45%	69%	42%	75%	82%	74%	25%	89%	78%	55%

なぜ「行動の質」のボトルネックを見つけるために、比較が必要なのか。

ここでその理由を確認しておきましょう。

たとえば、あなたがAさんとして、ダーツを投げると中心への命中率が45%でした。

この命中率は高いのでしょうか低いのでしょうか。

おそらく「わからない」と思う人が多いでしょう。

ところが同じダーツで投げた他の10人の人たちの記録を見ると、図表21の通りでした。

いかがですか？

命中率が45%より高い人が10人中7人もいることがわかると、「この人の命中率は低いのだな」とわかります。

ところが図表22でこの人の過去の命中率を見ると評価が少し

図表22 ある人の過去のダーツの命中率

プレイ回数（回目）	1	2	3	4	5	6	7	8	9	10
命中率（%）	15%	17%	32%	28%	55%	53%	34%	29%	17%	36%

アベレージ31.6%⟷45%

変わってきます。

この人自身の記録としては、命中率45%はまずまず健闘した出来だったことがわかります。

このように、「%」で表された数字を評価するためには、何かと比較する必要があります。

したがって、業務プロセスの中から「行動の質」におけるボトルネックを見つけるためにも、転換率を比較する必要があります。

そしてその比較のやり方は3つあり、順番に「転換率の目標」と「転換率の実績」の比較、「過去の転換率」と「転換率の実績」の比較、「他人の転換率」と「転換率の実績」の比較です（図表23）。

なぜこの順番なのか説明します。

図表23「3つの比較軸」で、数字を立体的に見る

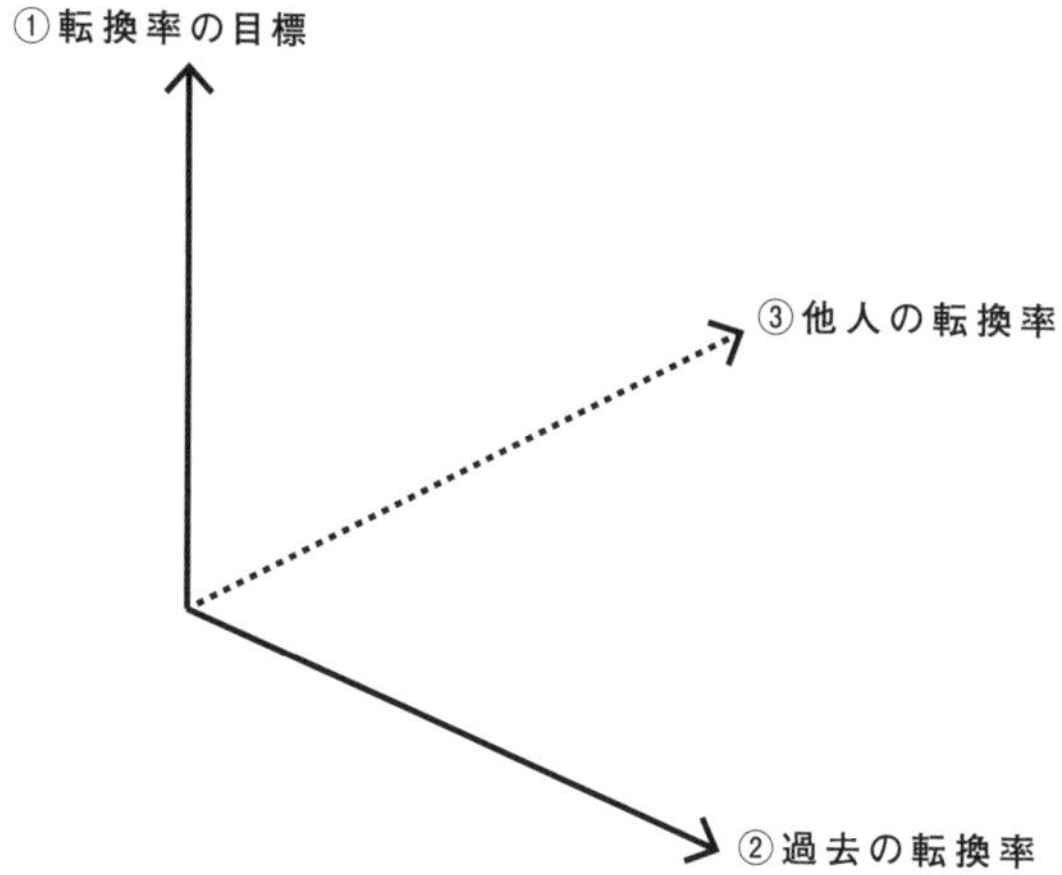

最初に**「転換率の目標」**を挙げているのは、目標を立てるときには過去の実績を参照して、今年度に見込まれる条件の変化を盛り込んで数字を設定しているからです。

そこでこの見通しが現実的であったかどうかを今後の目標にフィードバックさせなければなりません。

条件の変化とは、たとえば外的な変化であれば2008年のリーマン・ショックで景気が落ち込んだ翌年の目標であれば、「今年度は多少の回復が見込めるだろう」と目標値を上げることです。

あるいは「今月の頭に新商品がリリースされるから月末にかけて売上が上がるはずだ」と見込んで目標の数字を高めに設定す

るかもしれません。

そして、その見込みはどれほど調整すべきなのかをできるだけ速やかに反映させたいので、「転換率の目標」は最初に比較すべきなのです。


2番目に比較すべきなのは**「過去の転換率」**です。

過去の数字はファクトですから変えようがありません。

ビジネスである以上は成長することがとても重要ですので、過去の実績から成長していることの確認が重要になります。

たとえば「転換率の目標」に対しては未達でも、「過去の転換率」を上回っていれば、過去よりも伸びていることが評価できます。

転換率の場合は比較的、季節性の変動の影響を受けにくいですが、やはりより正確な比較をするのであれば前月比よりは前年同月比のほうがいいでしょう。

キーエンスでも前年同月比と前々年同月比で比較していました。

そして3番目が**「他人の転換率」**との比較です。

他の人とはクライアントの業界や担当エリアの違いなど条件の違いがあるため、あくまで参考程度の比較となります。

ですから、できるだけ類似の条件の人の実績を参考にするといいでしょう。

また、同期で優秀な成績を上げている人がいれば、なぜ成績が良いのか分析して、優れている点を見つけられれば自分の業務にも取り入れることができます。さらにベンチマークや相場感を知る上でも役立ちます。

それでは、これら3つの比較について詳しく説明します。

メソッド 1 ——「転換率の目標」と「転換率の実績」を比べる

それでは営業の例で見ていきます。

図表24は転換率の目標と実績です。

プロセスごとの転換率を見ると、「DM」から「電話」への転換率が目標では97%で

図表24 転換率の目標と実績（営業の例）

行動目標（2023年8月）

	DM	電話	アポ	面談	商談化	受注（KGI）
合計件数	250	242	60	24	16	12
転換率（%）		97%	25%	40%	67%	75%

行動実績（2023年8月）

	DM	電話	アポ	面談	商談化	受注（KGI）
合計件数	250	220	53	21	14	10
転換率（%）		88%	24%	40%	67%	71%

あるのに対し、実績では88%とかなり下回っています。

しかし、他のプロセスの転換率はほぼ目標通りですので、「DM」から「電話」への転換率がボトルネックとなります。

業務内容としてはDMを送ってその分の電話をするだけのことができていなかったわけですから、改善すべきであることは明らかです。

特に他のプロセスの転換率がほぼ目標通りであることを考えると、電話をかけなかったことでKGIである受注件数が減ってしまったことが明らかですから、大いに反省すべき実績となっています。

図表25 過去の転換率と転換率の実績（営業の例）

行動実績（2022年8月）

	DM	電話	アポ	面談	商談化	受注（KGI）
合計件数	250	250	63	25	17	12
転換率（%）		100%	25%	40%	68%	71%

行動実績（2023年8月）

	DM	電話	アポ	面談	商談化	受注（KGI）
合計件数	250	220	53	21	10	7
転換率（%）		88%	24%	40%	48%	70%

メソッド2 ——「過去の転換率」と「転換率の実績」を比べる

次に「過去の転換率」と「転換率の実績」を比べてみます。

図表25では２０２３年の8月と、前年同月である２０２２年の8月の実績を比較しています。

転換率が最も大きく下がっているのは「面談」から「商談化」のプロセスです。

つまり、面談しても商談化に結びつけることができなくなったことを意味しています。

転換率は「行動の質」を表しますから、こ

こで考えられる問題は、面談の仕方が悪かったか、顧客の予算がなかったか、あるいは顧客にニーズがなかったことが考えられます。

この比較により、**「Where（どこに問題があるのか）」**がわかったわけです。

では、「Where」がわかったら次にどうすればいいでしょうか。

この次には、**「Why（問題があるのはなぜか？）」**を考えていきます。

「Why」は、「面談」から「商談化」への転換率が小さかった理由になります。

そして、理由は「提案時の問題」か「提案前・ターゲットの問題」かに分かれます。

自分側に問題がある場合は、面談での提案内容やトークの内容が良くなかった、あるいは競合他社との差別化ができていなかったなどが考えられます。

顧客側に問題があった場合は、予算がなかったかそもそもニーズがなかったか、あるいは担当者が適していなかったかなどが推測できます。

顧客側の「Why」についてはさらに深掘りできます。

図表26 問題解決の3つの順序

① Where

↓

② Why

↓

③ How

顧客がターゲットではなかった場合は、なぜターゲットではない企業に「アポ」を取ったのか、なぜ、ターゲットではない企業をリストアップしていたのか。

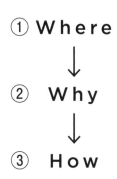

ターゲットではない企業を選んだのは、そもそも自分が扱っている商品の特性を踏まえた顧客理解が足りていなかったのではないか。

トヨタ式「なぜなぜ分析」では「なぜ」を5回繰り返すとされていますが、このように「Why」を繰り返すことで、「今回は顧客理解が足りなかったね」ということになり、研修資料を読み直したり、成績の良い営業から話を聞いたりするなどの

「Ｈｏｗ」が浮かび上がってきます。

つまり、最初の「Ｗｈｙ」では自分側の問題と顧客側の問題に分かれていましたが、顧客側の問題でも「Ｗｈｙ」を繰り返していくと、最終的には「顧客理解が足りなかった」などの自分側の問題に帰結することが多いのです。

ですから、**たとえ最初の「Ｗｈｙ」で顧客側の問題だと分類しても、「それなら仕方がない」で終わらせてはいけません。**

必ず最後は自分ごとにしなければ、「行動の質」の改善にはつながりません。

しかも、「Ｗｈｙ」を繰り返したことで当初顧客側の問題だと思われていた問題が、実は自分側の問題であることまで深掘りできた段階で、「Ｗｈｅｒｅ」がシフトするということもあります。

どういうことかというと、当初は「面談」から「商談化」への転換率が低かったことに注目して原因究明を始めたはずなのですが、最終的に顧客理解が足りなかったことでターゲット企業の選定を間違っていたことに問題があるとわかれば、それは最上流のプロセスである「ＤＭ」の送付先リストを作る段階の問題にシフトしたことにな

図表27 過去の転換率と転換率の実績（人事の例）

行動実績（2022年上半期）

	応募	書類選考	一次面接	二次面接	最終面接	内定承諾	KGI =採用人数
合計件数	155	93	84	42	21	15	12
転換率（%）		60%	90%	50%	50%	71%	80%

-24%

行動実績（2023年上半期）

	応募	書類選考	一次面接	二次面接	最終面接	内定承諾	KG =採用人数
合計件数	149	133	120	60	15	7	5
転換率（%）		89%	90%	50%	25%	47%	71%

るためです。

このように、あるプロセスの転換率、すなわち「行動の質」を改善しようとした結果、より上流のプロセスの「行動の質」に遡って改善しなければならなくなることもあることを覚えておいてください。

それでは人事部における人材採用の例も見ておきましょう。

図表27は2023年の上半期と、前年同期である2022年の上半期の実績を比較しています。

まず「Where」を見ていくと、転換率が大きく下回っているのが「内定承諾」の47%であることがわかります。

ここが「行動の質」のボトルネックです。

次に「Ｗｈｙ」を考えます。

考えられるのは応募者に対して魅力的なオファーを出せていないことと、承諾に至る魅力づけができていないことです。

魅力的なオファーとは、たとえば報酬や福利厚生、働く環境、働く仲間などの面で魅力的な条件を提示することです。

承諾に至る魅力づけとは、内定を出したあとのフォローのことで、懇談会や研修会、見学会などのイベントを開催したり、定期的な電話連絡やメールを送信したりすることです。

そこで「Ｗｈｙ」を深掘りしますが、報酬については現在の業界の相場と比較して魅力的な金額を提示できていなかったのではないかとか、応募者のスキルに対して相応の金額が出せていなかったのではないかなどが考えられます。

さらに「Ｗｈｙ」を追究し、なぜ相場に対して魅力的な金額や応募者のスキルに相応の金額を提示できなかったのかというと、報酬体系が過去5年間見直されておらず、

図表28　「チームの平均の転換率」と「転換率の実績」

チーム全体の平均実績

	DM	電話	アポ	面談	商談化	受注（KGI）
合計件数	250	230	60	54	16	12
転換率（%）		92%	26%	90%	30%	75%

-15%

自分の実績

	DM	電話	アポ	面談	商談化	受注（KGI）
合計件数	250	220	53	47	7	7
転換率（%）		88%	24%	89%	15%	100%

物価上昇率が加味できていなかったなどの原因が明らかになるかもしれません。

メソッド3 ——「他人の転換率」と「転換率の実績」を比べる

3つめの比較は「他人の転換率」と「転換率の実績」です。

図表28は、ある月の「自分の実績」と同月の「チーム全体の平均実績」を比較したものです。

まず「Where」ですが、この2つの実績の転換率を比較すると、チーム全体の平均実績に対して自分の実績で最も下回っている転換率は「商談化」の15％だとわかります。

もしチーム全体の転換率も大きく下がっていれば、そのときは外部環境が変わった可能性もあります。

ただ、図表のように、チーム全体の「商談化」の転換率が30％に対して自分が15％であるのは、自分の「商談化」のプロセスに問題があることを示しています。

あとは「2：『過去の転換率』と『転換率の実績』を比べる」で行なったように、「Ｗｈｙ」を掘り下げていき原因を突き止めます。


ここで人事部の人材採用における例も見ておきたかったのですが、人事部全体の平均や部門内の他の人との比較は、人事においては難しいと判断しました。

というのも、人材採用においては担当者ごとに使用している媒体やチャネルが異なることが多いため、条件やプロセスが異なってきます。

そのため、フェアな比較が難しくなります。このように、業種や業務によっては「他人の転換率」との比較が難しい場合もあるのです。

「課題を解決する解決策」を挙げる

前節では、プロセスごとの転換率に注目することで「行動の質」のボトルネックを特定できることがわかりました。

具体例を基に、転換率を比較することで「Where」を特定する方法をお伝えしてきました。

これらの具体例の中で、「Why」についても触れてきましたが、この節では「Why」の深掘りのやり方を改めて体系化するとともに、そこから**「How（どうやって課題を解決するか）」**を導き出す方法もお伝えしていきます。

特定したボトルネックの「原因」を見つける方法

業務プロセスの中からボトルネックを特定できたら、「Ｗｈｙ」を深掘りすることで原因を明らかにする必要があります。

原因が特定できなければ課題も明らかになりません。

課題が明らかにならなければ、解決策も立てられません。

このとき、「Ｗｈｙ」をきちんと深掘りせずに表層的な原因追究で終えてしまうと、根本的な解決策を立てることができずに、無駄な努力をしてしまうことになります。

たとえば、既に営業の「面談」から「商談化」への転換率が低く、そこがボトルネックだと特定できた場合に「Ｗｈｙ」を突き詰めていきます。

ここで、原因は自分のトーク内容にあるとだけ早合点してしまうと、ひたすらトーク用のスクリプトに手を入れたり、話し方の工夫をする努力をすることになります。

しかし、本当の原因が顧客のターゲティングミスだった場合、その努力は徒労に終わってしまうのです。

このような「Ｗｈｙ」の早合点を避けるためには、構造的に原因追究する習慣を身につける必要があります。

構造的に考える基本はロジカル・シンキングの手法でもあるＭＥＣＥ（ミーシー）を利用することをおすすめします。

ＭＥＣＥとは「Mutually Exclusive and Collectively Exhaustive」の略で、「モレなく、ダブりなく」の意味です。

ＭＥＣＥを活用する利点は、物事を系統立てて整理することで思考が明確になることです。

考え得る要素を重複しないようにアウトプットします。

ＭＥＣＥの手法では、考えられる原因をすべて書き出して、重複する内容があれば削除し、グルーピングします。

図表29 原因をMECEで分解する

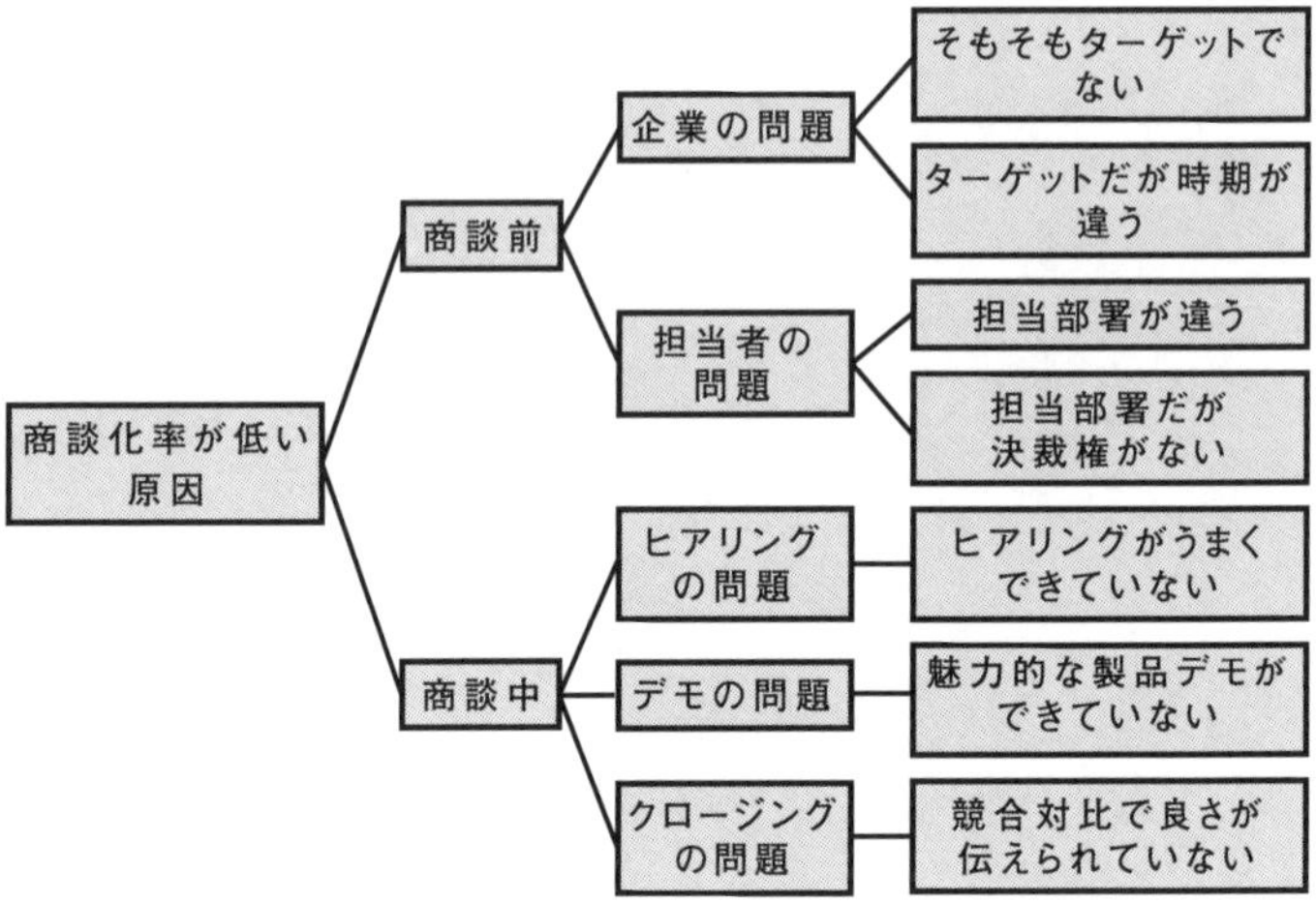

たとえば、今回の例であれば、原因は図表29のように整理できます。

このようにMECEを活用して考えられる原因を書き出して整理することで、抜けや漏れを防ぎやすくすることができます。

しかし、これらの原因のうち、どの原因が本当の原因なのか、あるいは原因は一つではなく、重みの異なる複数の原因があるのかを確信することは難しいでしょう。

そこでここから先は、おそらくこれが原因であろうと思われるものから一つずつ選び出して解決策を立て、実際に試してみながら絞り込んでいくしかありません。

ある程度の試行錯誤は必要だと考えるべ

きです。

――「Ｗｈｙ」を繰り返して深掘りする

このように原因を書き出すことができたら、要因ごとに対策を立てます。

原因によってはさらに「Ｗｈｙ」を深掘りする必要があります。

たとえば、「担当部署が違う」という原因に対しては、さらに「Ｗｈｙ」を深掘りして、なぜ担当部署が違ったのかを考えます。

すると、「アポ」から「面談」に移る際に、きちんとどのような担当をしている人に会いたいかを伝えられていなかったのかもしれませんし、「面談」から「商談化」に移る際に、決裁権のある人の同席を要請していなかったのかもしれません。

また、「そもそもターゲットでない」という原因に対しては、なぜ顧客がターゲットではなかったのかを考えます。

図表30「Why」を深掘りする

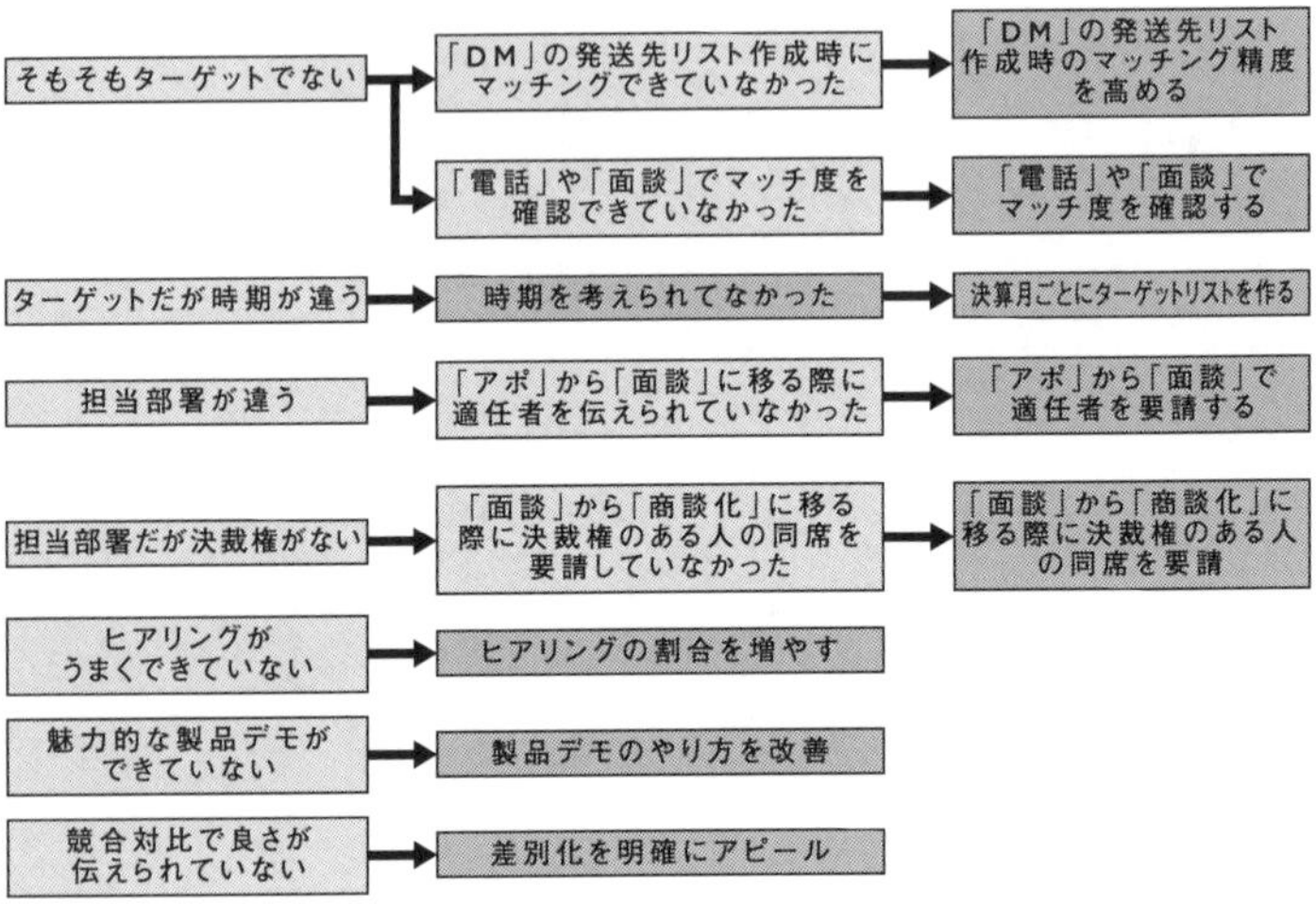
そもそもターゲットでない
「DM」の発送先リスト作成時にマッチングできていなかった
「DM」の発送先リスト作成時のマッチング精度を高める
「電話」や「面談」でマッチ度を確認できていなかった
「電話」や「面談」でマッチ度を確認する
ターゲットだが時期が違う
時期を考えられてなかった
決算月ごとにターゲットリストを作る
担当部署が違う
「アポ」から「面談」に移る際に適任者を伝えられていなかった
「アポ」から「面談」で適任者を要請する
担当部署だが決裁権がない
「面談」から「商談化」に移る際に決裁権のある人の同席を要請していなかった
「面談」から「商談化」に移る際に決裁権のある人の同席を要請
ヒアリングがうまくできていない
ヒアリングの割合を増やす
魅力的な製品デモができていない
製品デモのやり方を改善
競合対比で良さが伝えられていない
差別化を明確にアピール

すると、「DM」を発送するための発送先リストを作成する段階でミスマッチが生じていたのかもしれませんし、「電話」をかけた段階や「面談」した段階でマッチ度を確認できていなかったからかもしれません。

このように「Why」を深掘りすることで自ずと「How」としての解決策が浮かび上がってきます。

それを図にすると図表30のようになります。

図表30では個々の解決策を記載しましたが、さらに根本的な原因まで「Why」を繰り返す必要があります。

図表31　さらに「Why」を深掘りする（営業の例）

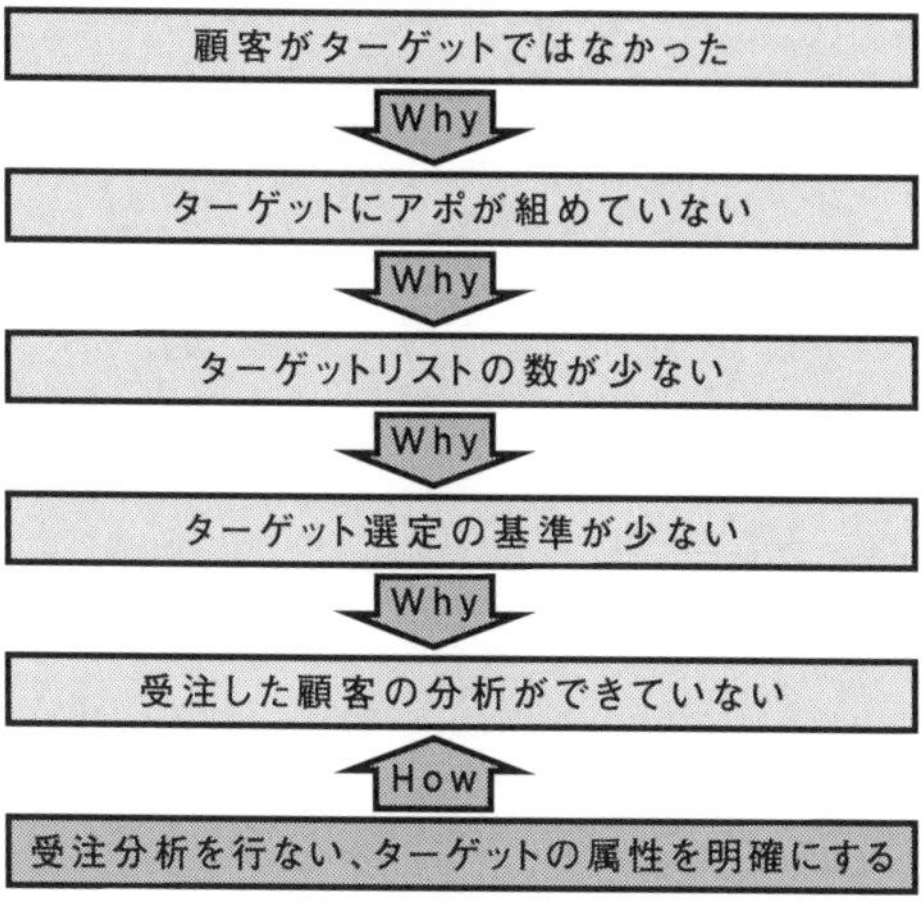
顧客がターゲットではなかった
Why
ターゲットにアポが組めていない
Why
ターゲットリストの数が少ない
Why
ターゲット選定の基準が少ない
Why
受注した顧客の分析ができていない
How
受注分析を行ない、ターゲットの属性を明確にする

たとえば、「そもそもターゲットでない」に対するプロセス上の対策としては「DMの発送先リスト作成時のマッチング精度を高める」と「『電話』や『面談』でマッチ度を確認する」という解決策を立てました。

しかし、そもそもターゲットの顧客を狙えていないというのは、「ターゲットと非ターゲットの見極めができていない」ことが原因であるとも考えられます。

そしてさらに「Why」を掘り下げると、「ターゲットと非ターゲットの見極めができていない」のは「ターゲット選定の基準を持っていない」となります。

それであれば、「そもそもターゲットでな

い」の解決策は図表31のように掘り下げていくと、「受注分析を行ない、ターゲットの属性を明確にする」となります。

「ターゲットの属性を明確にする」とは、たとえば過去の実績を分析したところ、社員数100〜300人規模の製造業によく売れていることがわかれば、「社員数100〜300人規模の製造業」をターゲットにするなどです。

あるいは売上規模でもいいですし、製造している製品の種類で絞り込んでもいいでしょう。このようにWhyを深掘りすることによって「そもそもターゲットでない」の裏返しのHowが「ターゲットにアタックする」ではなく、そもそもの「ターゲットの属性を明確にする」という具体的なアクションに落とし込めます。

「そもそもターゲットでない」のHowは「ターゲットに行きましょう」ですが、Whyを深掘りすると、「受注分析を行う」という、より解像度の高い施策に落とし込めます。

人事部における人材採用の場合でも考えてみましょう。

図表32 さらに「Why」を深掘りする(人事の例)

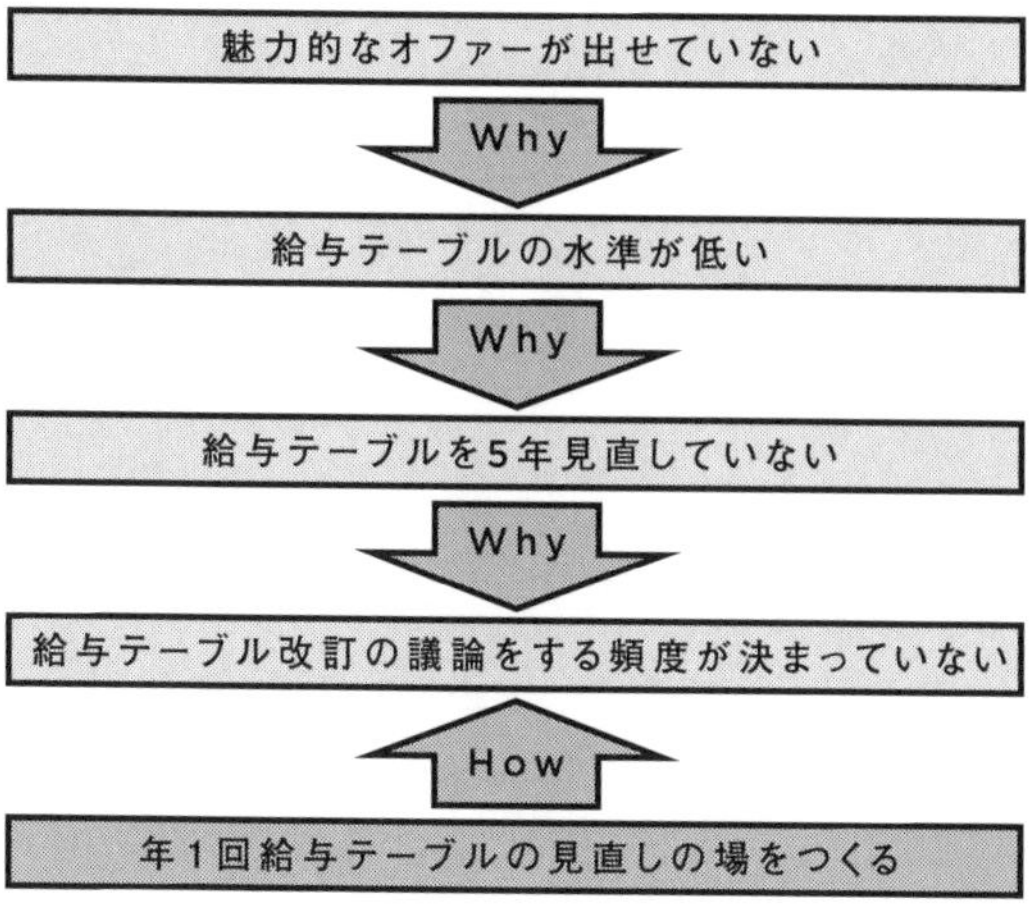
魅力的なオファーが出せていない
Why
給与テーブルの水準が低い
Why
給与テーブルを5年見直していない
Why
給与テーブル改訂の議論をする頻度が決まっていない
How
年1回給与テーブルの見直しの場をつくる

「最終面談」から「内定承諾」への転換率が低く、そのプロセスがボトルネックになっていたとします。

ここで「Ｗｈｙ」を掘り下げていくと「魅力的なオファーが出せていない」と「魅力的なオファーは出せているが魅力づけができていない」の２つの原因が考えられたとします。

そのうちの「魅力的なオファーが出せていない」の「Ｗｈｙ」をさらに掘り下げると、「給与テーブルの水準が低い」が考えられます。

これをさらに深掘りすると、「給与テーブル改訂の議論をする頻度が決まっていない」に行き着きます。すると「Ｈｏｗ」は

図表32のように「年1回給与テーブルの見直しの場をつくる」になります。

このように「Ｗｈｙ」を深掘りしていくと自ずと「Ｈｏｗ」が定まってきます。

しかし、「Ｗｈｙ」の掘り方によっては複数の解決策が浮かび上がってきます。

そのようなときに、どのように優先順位をつければいいのか、説明します。

解決策を「インパクト」と「取り組みやすさ」で優先順位づけする

「行動の質」におけるボトルネックを見つけ出し、MECEなどの情報整理の手法を活用して構造的に原因を追究する方法がわかりました。

原因は一度の「Why」で突き止められるとは限りませんので、「Why」を深掘りし、突き止めたところで「How」としての解決策を立てました。

ただし原因が複数であれば解決策も複数になります。

原因が複数のとき、どのようにして解決策に実施すべき優先順位をつければいいのでしょうか。

解決策に優先順位をつける根拠は「インパクト（Impact）」の強さと「取り組みやすさ（Feasibility）」です。

――「即効性」があり「効果的」な解決策を優先

ボトルネックの解決策が複数挙がった場合、取り組むための優先順位をつけます。優先順位をつける理由は、複数の解決策に同時に取り組むことはリソースの配分上難しい場合が多いですし、同時に取り組んでしまうと成果が出たときにどの解決策が有効だったのか判断できないためです。

優先順位をつけるための基準は「インパクト」と「取り組みやすさ」です。

まずは「インパクト」の強さで優先順位を決めます。

その理由は、もしも1つの施策で解決できれば、それが最も即効性があり効果的だからです。

ですから、効果があるかどうかわからない、いつ頃までに成果が出るかわからないという解決策を試すよりは、やはりこれが最も即効性があり効果的だろうと思える解決策を優先させます。

しかし、その解決策を実施することが難しければ、優先させる意味がありません。そこで2つめの「取り組みやすさ」の面からも優先順位を見直します。

たとえば、その解決策を実行するためにはあまりに莫大な予算がかかってしまうので、費用対効果を得られるまでに時間がかかりすぎてしまうとか、取り組むためには手続きが煩雑すぎてリソースが足りないというのでは、実際にいつ着手できるかわかりません。

着手したことで他のプロセスへのリソースが不足してしまっては本末転倒です。

具体的な例を考えてみましょう。

マーケティングのためにリード（見込み客）を100件集めることを目標に据えたときに、2つの施策があったとします。

1つめはホームページを改修（リニューアル）する方法で、2つめは広告を打つ方法だとします。

ホームページの改修は実現可能ですが、費用に1000万円必要であることがわかりました。

つまり、ホームページでリードを100件獲得するためには1000万円かかるわけです。改修期間も2カ月かかるといいます。

一方、広告を打つ場合は、100万円の費用で100件のリードを獲得できることがわかりました。しかも1週間後には出稿することができます。

ホームページはリード1件獲得するのに10万円。広告はリード1件獲得するのに1万円で、その結果、100件のリードを獲得するという目的であれば、費用が安くて実施が容易な広告のほうを解決策として優先すべきだと意思決定できます。

実際、10倍の費用の差があるとなれば、社内の稟議《りんぎ》を通して決裁するにも労力と時間がかかってしまいます。

それではホームページの改修は諦めるべきなのかというと、そうではありません。

このときには2つのオプションがあります。

1つめは広告を進めて短期間で成果を上げつつ、ホームページの改修は長期的なプロジェクトとして並行して進めるオプションです。

そして2つめは、同時にリソースを分散させられない状況であり予算の獲得も今期は難しいなどの理由があれば、いったんは見送るオプションです。

――「選択肢が3つ以上」になる場合はマトリックスを作成する

次に営業の例も考えてみましょう。

仮に「商談化」の転換率がボトルネックだったとして、「Why」を掘り下げていったところ、以下の3つの解決策が浮上したとします。

1つめは、営業をかけていた企業にターゲットではない企業が含まれていることがわかったことから、ターゲットの基準が定まっていなかったことが原因であることがわかりました。

そのため、解決策としては、ターゲットの基準を明確に定めることになります。

2つめは、ターゲット企業に「面談」したにもかかわらず、「商談化」に進められていなかった原因として顧客のニーズを把握できていなかったことがわかりました。

これをさらに深掘りすると、ヒアリングが十分にできていなかったことがわかりました。

そのため、解決策はヒアリングの項目を明確にすることになります。

そして3つめは、ターゲット企業に「商談化」までたどり着いたにもかかわらず、魅力的なプレゼンテーションができていないことでした。

この場合の解決策は魅力的なプレゼンテーションの型を用意することになります。

この3つの解決策に対して「インパクト」と「取り組みやすさ」で優先順位をつけます。

優先順位をつける判断基準は企業や営業方針、商品の内容などに影響されますので、ここでは私の判断基準で優先順位を決めてみます。

図表33 優先順位をつけるマトリックス

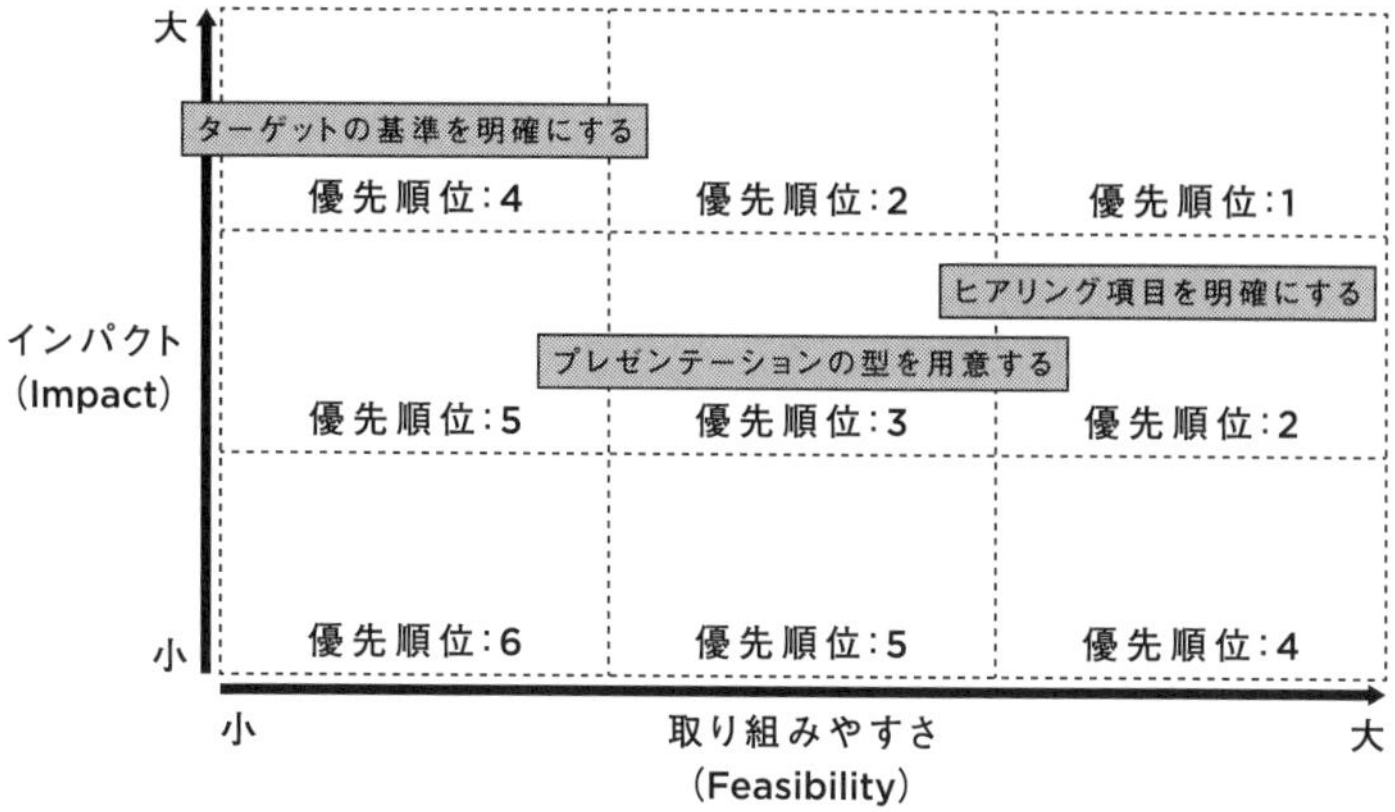

「ターゲットの基準を明確にする」は「DM」の発送先など上流のプロセスから影響を受けるので「インパクト」は大きいですが、分析過程から検証しなければなりませんので「取り組みやすさ」は最も小さくなります。

「ヒアリング項目を明確にする」は顧客のニーズを引き出すことでプレゼン内容にも影響を与えますので「インパクト」は中くらいですが、すぐに取りかかれるので「取り組みやすさ」は大きいでしょう。

「プレゼンテーションの型を用意する」も「インパクト」は中くらいですが、効果的なプレゼンテーションの構成や文言、デザインなど工数はかかるので「取り組みやすさ」

は中くらいになります。

このように選択肢が3つ以上になる場合は、図表33のようなマトリックスを作成すると判断しやすくなります。

この例では、「ヒアリング項目を明確にする」が最優先して取り組むべき解決策となります。

ここで、もしリソースに余裕があれば「プレゼンテーションの型を用意する」を同時に進めてもいいでしょう。

「ターゲットの基準を明確にする」は後回しにするか長期的に進めることになります。

人事部における人材採用についても考えてみましょう。

「最終面接」から「内定承諾」への転換率が低かった場合、2つの解決策が考えられたとします。

1つめは「魅力的なオファーができていない」ことが原因と考えられるので、解決策は「給与テーブルを決める」ことになります。

2つめはオファー後にコンタクトを取っていなかったりイベントを行って引き付けておけなかったりしたということから「魅力づけができていない」ことが原因と考えられるので、解決策は「魅力的なアトラクトを行う」ことになります。

「給与テーブルを決める」はインパクトは大きいのですが、相場調査や評価システムの変更、そして社内規定の変更など「取り組みやすさ」は非常に小さくなります。

一方、「魅力的なアトラクトを行う」はインパクトは中くらいですが、コンタクトを取ることや懇親会や研修会を開くなど、「取り組みやすさ」は大きいといえます。

したがって、優先順位としては「魅力的なアトラクトを行う」が上位だと判断できます。

――「実行の評価」の際の注意点と「実行時のネック」

以上、解決策について「インパクト」と「取り組みやすさ」で評価して優先順位を判断しましたが、「インパクト」の大きさについては他のプロセスにも影響しますので、慎重に評価する必要があります。

また、「取り組みやすさ」については、自分だけで始められるのか、それともチーム全体で取り組むべきなのか、あるいは他部門や外部の協力が必要なのかによって難易度が変わってきますので、この点も慎重に評価しなければなりません。

つまり、「取り組みやすさ」については自分以外の要素が含まれることで不確実性が大きくならないものほど評価を高くすべきです。


また、人事部の例では「魅力的なアトラクトを行う」を「給与テーブルを決める」より優先順位が高いと判断していますが、これもファクトを考慮すべきです。

たとえば、過去の内定辞退の理由が10件中7件がオファー金額だったことがわかっているのであれば、優先順位は「給与テーブルを決める」を高くするべきです。


そして解決策の優先順位が決まって実施する際にも注意点があります。

まず、解決策を実施する際には、いつまでに何をどれくらい実行するのかについて数字で決めておく必要があります。

そして、京セラ創業者の稲盛和夫氏の言葉である「楽観的に構想し、悲観的に計画し、楽観的に実行する」は解決策を実行する際の心構えとして意識しておくとよいでしょう。

特に自分以外の人も巻き込む際には、その人たちがこちらの期待した通りには動かない場合もありますので、悲観的に計画しながらも、始めたら「絶対にやり切るぞ」という強い気持ちを持ちたいものです。

第4章

〝キーエンス　数値化の魔力〟

――実践編

ここまで、「自分の行動」を見える化し、
「行動の量」と「行動の質」をそれぞれ高めることで、
「仕事の結果」を最大化する方法をお伝えしてきました。

ここまでは、すべての職種の人ができるように
汎用性のある方法論をお伝えしてきましたが、
実際に読者の皆さんが
「自分の仕事」に当てはめた際にどうすればいいのか、
迷うところも多いでしょう。
この章では、これまで紹介した方法論を
具体的な職種に当てはめるとどうなるのか、
「営業、マーケティング、企画・開発、カスタマーサクセス、人事、広報、
総務・経理」の実践例をお伝えしていきます。

【営業】6カ月で「売上6000万円」を達成する

BtoBの営業の例は本文中でも中心的に取り上げてきましたので重複する部分がありますが、復習も兼ねて改めて説明します。

——「受注件数からの逆算」で各KPIを設定する

まず、KGIとして半期で6000万円の売上を達成することを設定します。

次にこのKGIを商品の販売件数に変換します。

商品の単価が200万円であるとすれば、「6000万円÷200万円＝30」で30件の商品を販売する必要があることがわかりました。

受注件数は以下の式に分解できます。

受注件数＝面談件数×商談化率×商談獲得率（受注率）

「商談化率」とは、面談をした件数のうち「商談化」に至った割合です。
「商談獲得率」とは、商談化した件数のうち「受注」に至った割合です。

この「商談化率」や「商談獲得率」は過去の実績から割り出します。
ですから、過去の実績から商談化率が30％で受注率も30％であれば、

30件＝面談件数×30％×30％

ですから、「面談件数」を上側に移動すると次の計算になります。

面談件数＝30件÷30％÷30％＝333件

つまり、半期で30件の受注を目指すためには、333件の面談をしなければなりません。

この数値を半期の面談数の目標値、つまりKPIにします。

そしてこの数字を6カ月で割れば、月当たりのKPIが出ます。

もちろん、先に月当たりの目標販売件数を算出してから月当たりのプロセスごとのKPIを設定しても構いません。

まず、半期の目標販売件数が30件でしたのでこれを6カ月で割って1月当たりのKGIを5件とします。

そして過去の実績から受注率が30％で商談化率も30％とわかっていますから月当たりの受注件数が5件であれば、商談化のKPIは「5件÷30％＝17」で17件（四捨五入）となります。

図表34　プロセス目標の立て方（営業の場合）

行動目標（月）　　　　営業日数20日

	電話	アポ	面談	商談化	受注（KGI）
合計件数	630	63	57	17	5
転換率（%）		10%	90%	30%	30%
1日当たりのKPI	32	3	3	1	

ここからさらに逆算していきます。

商談化を17件にするためには面談は「17件÷30％＝57」で57件となります。

同様にアポから面談への転換率が過去の実績から90％だとすれば、「57件÷90％＝63」で63件となります。

同様に電話からアポへの転換率が10％であれば、「63件÷10％＝630」で630件となります。

これらを1日当たりのKPIに換算するためには、月間の営業日数で割ります。例では営業日数を20日としました。

以上の結果を表したものが図表34です。

「数字の比較」からボトルネックを見つける

この目標を目指して1カ月間行動した結果が出ましたら、目標の数字と比較してボトルネックを見つけます。

例では図表35のようになりました。

この例では月間の受注件数が3件ですから目標のKGIである5件に達していません。

そこで、どこに問題があるのか振り返ります。

まず、最上流のプロセスである電話の件数が全く足りていませんでした。

したがって、次の月は電話をかける時間配分を見直して630件を目指す必要があります。

この例では目標だけに対して比較していますが、実際には前年同月と比較したり、

図表35 行動目標と行動実績の比較（営業の場合）

行動目標（月）

	電話	アポ	面談	商談化	受注（KGI）
合計件数	630	63	57	17	5
転換率（%）		10%	90%	30%	29%

-25　　-18%

行動実績（月）

	電話	アポ	面談	商談化	受注（KGI）
合計件数	605	61	44	12	3
転換率（%）		10%	72%	27%	25%

チームの平均実績や同僚の実績とも同じように比較したりします。

次に、アポから面談への転換率が目標の90%に対して72%しか達成できていません。

ここで、なぜアポから面談への転換率が低かったのか「Why」を繰り返して原因を突き止めます。

そこで原因が判明したら、改善策を立てて実行し、PDCAを回していきます。

【マーケティング】6カ月で「有効リード獲得3000件」を達成する

続いては、「マーケティング」の場合の例を紹介していきましょう。

――転換率から各プロセスの「行動目標」を導き出す

マーケティングの例では、プロセスを「インプレッション数→クリック数→CV数→有効リード数」と想定して説明していきます。

マーケティングではWebや展示会など様々なチャネルが活用されていますが、こ

図表36 プロセス目標の立て方（マーケティングの場合）

行動目標（月）　　稼働日数31日

	インプレッション数	クリック数	CV数	KGI＝有効リード数
合計件数	200,000	10,000	1,000	500
転換率（%）		5%	10%	50%
1日当たりのKPI	6,452	323	32	16

の例ではWebを活用したシンプルな例にします。

まず、半期のKGIをリード獲得3000件として考えていきます。これを6カ月で割って1カ月のKGIを500件にします。

そして過去の実績からCV（conversion）数から有効リード数への転換率を50%とします。

次にクリック数からCV数への転換率を10%とします。

すると図表36のような合計件数が逆算されてKPIとして設定されます。

ここでは同時に営業日数で割ることで1

日の目標数字も算出しています。

達成していても、――「改善点」を振り返る

次に図表37のように、実績と比較をしてみます。

この例では目標を達成しています。

そのため、「よかった、達成した」で終わってしまいそうですが、このような実績の中にもボトルネックは潜んでいます。

この例では「行動の量」はKGIとKPIともにクリアしていますが、クリック数への転換率の実績が3％で目標の5％に届

図表37 行動目標と行動実績の比較（マーケティングの場合）

行動目標（月）　稼働日数31日

	インプレッション数	クリック数	CV数	KGI＝有効リード数
合計件数	200,000	10,000	1,000	500
転換率（％）		5％	10％	50％

-2％

行動実績（月）

	インプレッション数	クリック数	CV数	KGI＝有効リード数
合計件数	300,000	10,000	1,100	550
転換率（％）		3％	11％	50％

いていませんので「行動の質」では課題が残りました。

そこで、この部分の「行動の質」が低かった原因を「Ｗｈｙ」を繰り返して深掘りすることで突き止めます。原因がわかれば改善策も見つかるはずです。

【企画・開発】
6カ月で「新商品のリリース6件」を達成する

続いては、新商品やサービスなど、新しいアイデアを生み出す「企画・開発」の例を紹介しましょう。

――プロセスを「企画→設計→試作→検討決定→リリース」に分ける

企画・開発の例では、半期で新商品を6件リリースすることをKGIとして設定します。

図表38 プロセス目標の立て方（企画・開発の場合）

行動目標（月）　　　　　　　　　　　　　　営業日数20日

	企画	設計	試作	検討決定	KGI＝リリース数
合計件数	48	5	3	2	1
転換率（%）		10%	60%	67%	50%
1日当たりのKPI	2	0	0	0	

プロセスは「企画→設計→試作→検討決定→リリース」とします。

半期で6件のリリースですから、月間のKGIは1件のリリースとなります。

過去の実績から、各プロセスの転換率を記入すると図表38のようになります。

月間のKGIから各プロセスの転換率で割って、各プロセスのKPIを算出し、営業日数20日で各プロセスのKPIを割ると、1日当たりのKPIが算出されて図表38のようになります。

つまり、1日に2件以上は企画を立てることが目標になります。

図表39 行動目標と行動実績の比較（企画・開発の場合）

行動目標（月）　　　　営業日数20日

	企画	設計	試作	検討決定	KGI＝リリース数
合計件数	48	5	3	2	1
転換率（%）		10%	60%	67%	50%

-8

行動実績（月）

	企画	設計	試作	検討決定	KGI＝リリース数
合計件数	40	5	3	2	1
転換率（%）		13%	60%	67%	50%

「行動の質」が——いい時ほど、自分を鼓舞する

そして図表39で実績と比較してみます。

この場合は月間のＫＧＩは達成していますが、企画が目標に達していません。

しかし、「行動の質」の面では、各プロセスとも達成していますので、一見問題なさそうです。

しかしこのような実績にこそ落とし穴が潜んでいます。

この実績を見ると、「自分は行動の量がたりなくても転換率がいいから問題ない」と考えてしまいがちです。

しかし、これは逆の見方をすれば、上流のプロセスの量（ここでは企画の量）を増やすことで、KGI（リリース数）をもっと増やせるのではないかとも考えることができるのです。

このように、余裕を持って目標を達成できた場合は、「自分は能力がある」と自己評価して成長を止めるのではなく、「もっとできたはずだ」とさらなる高みを目指すべきです。

【カスタマーサクセス】
6カ月で「継続率90%以上」を達成する

続いて、カスタマーサクセスの例を考えてみましょう。

――「KGIが転換率」であることもある

ここでは、クラウドサービスの継続率を半期で90%以上にすることをKGIに設定します。

ここで注意したいのは、これまでの例ではKGIは件数（行動の量）でしたが、カス

図表40 半期のプロセス目標の立て方
（カスタマーサクセスの場合）

行動目標（半期）

	契約	オンボーディング	アクティブ化	KGI＝継続率
合計件数	600	600	570	513
転換率（%）		100%	95%	90%

図表41 月間のプロセス目標の立て方
（カスタマーサクセスの場合）

行動目標（月）

	契約	オンボーディング	アクティブ化	KGI＝継続率
合計件数	100	100	95	85.5
転換率（%）		100%	95%	90%

カスタマーサクセスでは継続率という転換率（行動の質）がKGIになっていることです。

プロセスは「契約→オンボーディング→アクティブ化→継続率」と想定します。

オンボーディングとは、契約したユーザーが、サービスを使える状態になった段階を示します。

アクティブ化とは実際にユーザーがログインしてサービスを利用している状態を示します。

次に、各プロセスの転換率を過去の実績を参照して記入し、各プロセスのKPIを逆算して図表40のように記入します。

図表42 行動目標と行動実績の比較
（カスタマーサクセスの場合）

行動目標（月）

	契約	オンボーディング	アクティブ化	KGI＝継続率
合計件数	100	100	95	85.5
転換率（%）		100%	95%	90%

行動実績（月）

	契約	オンボーディング	アクティブ化	KGI＝継続率
合計件数	100	95	90	77
転換率（%）		95%	95%	86%

次に半期のＫＧＩと各プロセスのＫＰＩから月当たりのＫＧＩと各プロセスのＫＰＩを割り出したものが図表41です。

「比較」によりボトルネックを解消する

そして月間の目標と実績を比較したものが図表42です。

ここでのボトルネックはオンボーディングの95％です。

契約数は目標のＫＰＩを達成していますが、契約者の全員がサービスを使えるようになっていませんので、改善が必要です。

また、ＫＧＩの継続率90％に対して実際

の継続率が86%になっていることもボトルネックと考えられます。

つまり、実際にログインしてサービスを利用したユーザーの約15%が解約しているのです。

ここも改善が必要です。

【人事】
6カ月で「採用人数30人」を達成する

人事部での人材採用については既に本文中でも例として示してきましたので、重複しますが、改めて考えてみましょう。

――プロセスは「応募→書類選考→一次面接→二次面接→最終面接→内定→採用人数」

まず、半期のKGIは30人を採用することだと設定します。

そして各プロセスは「応募→書類選考→一次面接→二次面接→最終面接→内定→採

図表43　半期のプロセス目標の立て方（人事の場合）

行動目標（半期）

	応募	書類選考	一次面接	二次面接	最終面接	内定承諾	KGI＝採用人数
合計件数	1,303	1,042	625	250	100	50	30
転換率（％）		80％	60％	40％	40％	50％	60％

用人数」と想定します。

ここに過去の実績を参考にした転換率と各プロセスのKPIを記入したものが図表43です。

半期のKPIを――「月」「1日」単位に分解する

次に、半期のKGIと各プロセスのKPIから月当たりのKGIと各プロセスのKPIを割り出して、1日当たりの件数も割り出したものが図表44です。

さらに目標と実績を比較したのが図表45です。

図表44 月間のプロセス目標の立て方（人事の場合）

行動目標（月）　営業日数20日

	応募	書類選考	一次面接	二次面接	最終面接	内定承諾	KGI=採用人数
合計件数	217	174	104	42	17	8	5
転換率（%）		80%	60%	40%	40%	47%	63%
1日当たり件数	11	9	5	2	1	0	

図表45 行動目標と行動実績の比較（人事の場合）

行動目標（月）

	応募	書類選考	一次面接	二次面接	最終面接	内定承諾	KGI=採用人数
合計件数	217	174	104	42	17	8	5
転換率（%）		80%	60%	40%	40%	47%	63%

行動実績　-12%　-25%

	応募	書類選考	一次面接	二次面接	最終面接	内定承諾	KGI=採用人数
合計件数	300	240	144	40	16	8	3
転換率（%）		80%	60%	28%	40%	50%	38%

この例では「行動の量」は目標を上回っていますが、「行動の質」では「二次面接」の転換率と「採用人数」の転換率が目標よりも低いので、このプロセスに課題があることがわかります。

【広報】6カ月で「メディア露出30件」を達成する

続いて、広報の場合はどうでしょうか。

——プロセスを「企画↓配信↓メディア露出件数」に分ける

広報のプロセスを単純化すると「企画↓配信↓メディア露出件数」となります。

KGIはメディア露出件数で、半期で30件を目指すとします。

「企画」とはプレスリリース用の話題を選択してプレスリリースの内容を決めること

で、「配信」とはプレスリリースを配信することを示します。そして「メディア露出件数」とはメディアに取り上げられた件数を示します。

KGIを6カ月で割って1カ月のKGIを出し、各プロセスの転換率を過去の実績を参照して設定し、各プロセスのKPIをKGIから逆算すると図表46のようになります。

図表46 プロセス目標の立て方（広報の場合）

行動目標（月）

	企画	配信	KGI＝メディア露出件数
合計件数	17	8	5
転換率（%）		47%	63%

――「量」と「質」の双方から課題を探る

行動目標と実績を比較したのが図表47です。

この実績からわかるのは、「行動の量」としてはプロセスの最上流である「企画」の量が足りないことです。

これは大きな改善点となります。

その結果、転換率は変わらないものの、「配信」の量も不足し

図表47 行動目標と行動実績の比較（広報の場合）

行動目標（月）

	企画	配信	KGI=メディア露出件数
合計件数	17	8	5
転換率（%）		47%	63%

-5（企画）　-13%（KGI=メディア露出件数 転換率）

行動実績（月）

	企画	配信	KGI=メディア露出件数
合計件数	12	6	3
転換率（%）		50%	50%

てしまっています。

また、「行動の質」としては、「配信」から「メディア露出件数」への転換率が低いことから、プレスリリースの内容がメディアに取り上げられるには今ひとつ魅力がなかったことになりますので、この部分は改善点となります。

【総務・経理】6カ月で「生産性を1・2倍」に上げる

本章では様々な職種における数値化の例を紹介してきました。

しかし、総務や経理などのように、プロセスで分解して数値化することが難しい職種もあります。

つまり、業務の成果がプロセスごとの確率に依存しない場合です。

これらの職種については、営業における売上のような結果に関する数値化を行うことが難しいので、KGIやKPIの設定においては異なるアプローチを検討します。

たとえば、キーエンスでは**「時間の予実」**を常に把握することが求められていました。

「時間の予実」とは、時間の計画と実行の差を管理することです。

そのために、週間予定と予定に対する実績を記録した週報の提出が義務づけられていました。

当然、残務処理の時間も生じるのですが、本来フォーカスすべき付加価値の高い業務に対して、計画どおりに時間を使えていたのかどうかを常に確認しているのです。

ですから、総務などのバックオフィスを担う職種については、たとえば毎週月曜日の午前9時から午前11時まで同じ作業をしていたとき、これが10時30分までに処理できるようになれば、生産性が高まったと評価できます。

つまり、1日の就業時間が8時間であれば、その8時間をできる限り付加価値の高い時間に変えていくことを目指すのです。

また、経理部門であれば、経費削減のために備品の発注先の見直しや発注ロットの見直しにより削減できる数値をKPIにするなどの施策も考えられます。

さらに品質管理部門の場合は、KPIとして時間当たりの品質チェック可能数量を

図表48 バリュー(価値)とは何か?

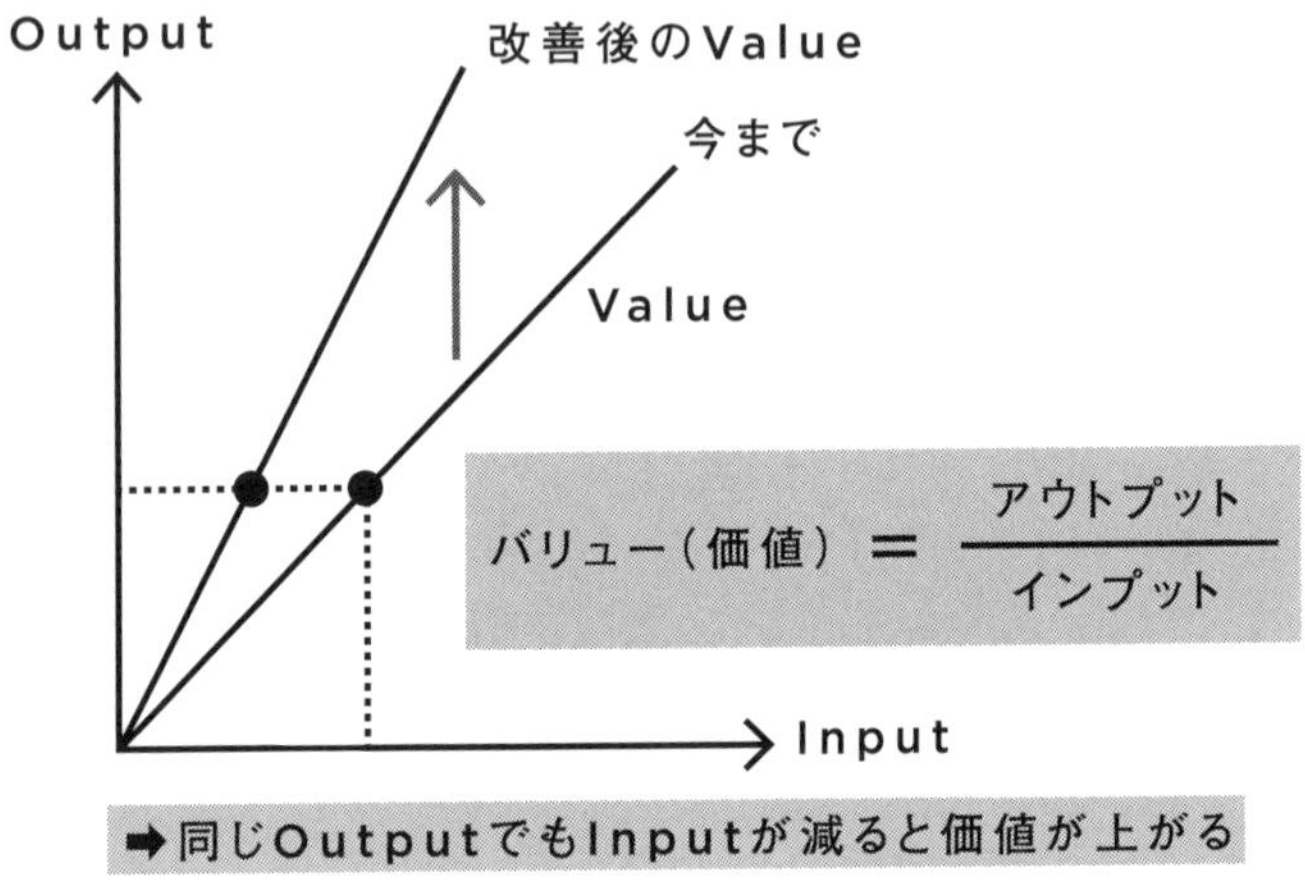

設定して品質チェックの効率化を図るとか、KPIに不良品率を設定して不良品の減少を目指し、不良品が発生しやすい工程の改善指導を製造部門に提言するなどの施策が考えられます。

このように、同じ数値化とはいっても、職種によっては仕事内容のプロセス分解とは異なるアプローチが必要になってきます。

そのため、KGIやKPIについては生産性を1・2倍に上げるなどといった設定の仕方になってきます。

そしてこれらの職種において付加価値を上げるための基本的な考え方は、**「最小のInputで最大のOutputを生み出す」**ことになります（図表48）。

これは同じアウトプット量であればインプット量を減らすか、同じインプット量であればアウトプット量を増やす、あるいはインプット量を減らしながらアウトプット量を増やすという3通りの考え方が可能です。

簡単に言えば、**少ない労力でより高い成果を出すこと**です。これを実現するためには、そもそもある業務を遂行するのに自分が就業時間の何割を費やしているのかを把握している必要があります。

キーエンスの経営理念にも「最小の資本と人で最大の経済効果（付加価値）を上げる」というものがあります。

それで、キーエンスでは週報などで「時間の予実」を確認しているのです。

特に定常業務に関しては、費やしている時間を短縮することができないかどうかを常に検証する必要があります。

そこで総務や経理などのバックオフィス業務で数値化を行うためには次の3つのSTEPを実践します。

STEP 1 ―― 見える化

STEP1として、現状を把握します。

たとえば週次で、どの業務にどのくらいの時間を費やしたのか記録して数値化することで見える化します。

一週間の総業務時間を1日8時間×5日で40時間であるとして、Aという業務に15時間(37・5%)充てているというように把握します。

同様にBの業務には10時間(25%)、Cの業務には8時間(20%)などと数値化します。

STEP 2 ―― 重要度を把握する

次に、第2章で登場した各業務がタイムマネジメントで使用されるマトリックス

（P156図表18）のどの象限に位置するか確認します。

そして、「重要かつ緊急な仕事」「緊急ではないが重要な仕事」にリソースを割くために、「重要ではないが緊急な仕事」は他の人に任せたりアウトソースしたりすることを検討します。

また、場合によっては「重要でも緊急でもない仕事」は思い切ってやめてしまうことも検討します。

STEP 3 ―― 戦略を立てて実施する

総業務時間の中で各業務に費やしている時間を見える化し、業務の優先順位を確認できたとします。

あとは業務全体の付加価値を上げるためにどの業務にリソースを集中させて、どの業務を他の人に任せたりアウトソースしたりするか、そして場合によってはやめてしまうかの戦略を立てます。

そして、業務全体の付加価値を高めるための戦略を立てられたら、あとは実施し、再び記録を取るというようにＰＤＣＡを回します。

このようにして、一見数値化が難しそうな職種においても、数値化のアプローチを変えることで付加価値を高めていくことができます。

終章

チームで実践する〝キーエンス 数値化の魔力〟

本書は「個人のプレイヤーが、仕事で結果を出すための数値化の本」です。

前章までで紹介した方法を実践いただくことで、
再現性を持って仕事の成果を出せ、
「仕事ができる人」になれるでしょう。

しかし、実は〝キーエンスの数値化〟は
マネジメントでも活かすことができます。
「チームの行動」を見える化し、
「チームの行動の量」と「チームの行動の質」を最大化する。
プレイヤーとして成果を上げたら、
次はマネジャーとしても
「再現性を持って成果を出せるようになる」
数値化の方法を紹介して、
本書の締めとしましょう。

マネジメントでも活きる〝キーエンスの数値化〟

キーエンスでは、マネジメントにおいても数値化が大いに活かされています。

そこでここからは、マネジャーが組織の成果を最大化するために数値化を活かす考え方とノウハウについて解説していきます。

――キーエンスでは「マネジメントでも」数値化が徹底されている

ここまで個人のプレイヤーとしての数値化についてお話ししてきましたが、実はチームにおいても数値化の考え方の基本は同じです。

キーエンスでは「目論見」として、その半期に目標を達成するためにはどのようなプロセスで業務を遂行すべきであるかということを毎月モニタリングする文化があります。

このチーム単位でのモニタリングは個人単位でのモニタリング以上に重視されている印象がありました。

キーエンスでのチーム単位とは、事業部全体でもあり事業所単位でもあり、また部署単位でもあるという重層的な単位を示します。

これらの各単位で重層的に数値化によるマネジメントが実施されているのです。

実際、私自身も同社のマネジャーであったときには、チームのマネジメントに数値化は欠かせませんでした。

数値化しなければ、チームの状態が良いのか悪いのか判断できないためです。

たとえば受注件数だけ見ていても、その数値が何を示しているのかは、目標から逆算した数値を基準にしなければ理解できません。

受注件数が前年よりも伸びているからといって、目標がそれ以上に高く設定されていれば、決して良好な状態とは言えないのです。

またチームのメンバーに対して闇雲に「受注件数を増やせ」と指導しても、メンバーの一人ひとりは何をどのように努力すればいいのかわかりません。

檄を飛ばすだけではマネジメントしているとは言えないのです。

ですから、本書で述べてきたようにKGIからプロセスごとのKPIを逆算して、それが達成できているかどうかを確認するという点では、チームにおいても個人のプレイヤーが行ってきた数値化と同じ考え方が必要になります。

ただし、単位がチームに変わることによる注意点がありますので後述します。

なぜ、マネジメントにも「キーエンスの数値化」を取り入れるべきか？

そこで、そもそもマネジメントにも「キーエンスの数値化」を取り入れるべきである理由を確認しておきましょう。

その理由とは、一言で言えば「茹でガエルになってしまわないため」です。

マネジメントにおいて最も危険なことは、「変化に気づかない」ことです。

チームの働きぶりを感覚的に捉えていて、「なんとなくうまくいっている」などと思っていたら、実際には成果を上げていなかったということはよくあります。

このようにチームの状態を印象で捉えていてはマネジャー失格だと言わざるを得ません。

キーエンスでも振り返りをするミーティングがありましたが、業績の悪いチームは「その変化にいつ気づいたのか？」ということが話題になることが多かったです。

やはりマネジャーは、KGIからプロセスごとに逆算したKPIが達成されているかどうかを数値で把握できていなければならないのです。

それも半期や月次、そして日次で確認できていなければ、どのタイミングでどのプロセスに手を入れなければならないのかなどわかるはずがありません。

これらの数値を把握できていないマネジャーは、メンバーに対して具体的な指導をできませんから、「もっと頑張れ！」といった声援を送るだけになってしまいます。

それではチームの生産性を高めることやメンバーのモチベーションを高めることはできないでしょう。

逆に、プロセスごとの数値がKPIを達成できているかどうかを日次で追跡できているマネジャーであれば、本来あるべき理想の状態を具体的に把握できていますから、部下に対して具体的な改善策を指示することができます。

その結果、部下も自分が何をすべきか明確に理解できるので、マネジャーを信頼して行動することができます。

しかも、実際に成果を上げることができますから、チーム全体のモチベーションを高い状態で維持することができます。

これが、チームにおいて「キーエンスの数値化」を取り入れるべき理由です。

――数値で「マネジメントを見える化」する

キーエンスではチームを数値でマネジメントするために、各メンバーの出した数字を合計した数字を確認することから始めます。

全体の数字がKGIに対して不足していれば、プロセス単位の数字を確認します。プロセス単位でKPIに到達していない数字を見つけ出したら、そのプロセスにおける各メンバーの数字を確認します。

すると、そのプロセスにおいてどのメンバーが成果を出せていないかを見つけることができます。

このように、チームの状態をメンバーごとにプロセス単位で確認できる透明性が、数値化の大きなメリットです。

一方、数値化において透明性を確保できていないマネジャー（中小企業では経営者自身の場合もあります）は、月末に初めて業績が悪いことに気づいて、「なんでこんなに数字が足りていないんだ！」と感情的になってしまうのです。

しかし数値化によってマネジメントに透明性を確保できていれば、まさに問題が生じているリアルタイムで改善策を指示できますので、月末になって慌てることがありません。

したがってチームの数値化は、メンバーにとってもマネジャーにとってもお互いにストレスフリーな関係を維持できる施策だと言えます。

つまり、マネジャーが日次でチーム全体のプロセス単位の数字を追跡することは、チーム全体の行動の結果を追跡することであり、問題のあるプロセスを見つけ出してメンバー単位の数字を確認することは各メンバーの行動の結果を追跡できていることになります。

仕事の結果というのは行動からしか生まれないのですから、結果を数字で分解することで初めて改善すべき行動を明らかにすることができるのです。

それこそがキーエンスで言うところのマネジメントです。

マネジャーがメンバーに対して闇雲に発破をかけることがマネジメントではありません。

――「一般的なマネジメントの数値化」と「キーエンスの数値化」は何が違うのか？

経営者の方やマネジャークラスの方にお話を伺うと、「いやいや、うちだって数値化はしていますよ」と言われることがあります。

しかし、「数値化はしているのだが成果が出ていないんだよねぇ」と言うのでさらに詳しく聞いてみると、その数値化がキーエンスの数値化とはだいぶ異なっていることがわかります。

それでは何が違うのかというと、一つは**「目標の精度の高さ」**です。

キーエンスでは本社で目標が設定されますが、その精度は実現可能性に対してプラスマイナス3％の誤差になっています。

根拠がないのにやたらと高くて精度が低い目標を打ち上げた場合、もしも達成できていなくても、「まぁ、あくまで目標だから」といった自らを甘やかすような受け取り方をされてしまい、結局行動を改善する動機づけに至りません。

キーエンスの場合は、たとえば受注件数であれば、季節性や決算の時期との関係性なども考慮されたとても精度の高い目標が設定されます。

ですからそこには、僅かといえども目標を達成できないはずがないという厳格さが生まれます。

もう一つの違いは、**「数値化で明らかになった変化の原因がきちんと追究されているかどうか」**です。

キーエンスの数値化ではプロセスごとの数字を追跡しますので、行動と結果の因果関係が明確にされます。

成果が出せていない企業では、数値化しているといっても、行動と結果の因果関係を追跡できないほどに大雑把なのです。

ですから、成果が出せていないときに、その原因がアポの数にあるのか商談化率の低さにあるのかといった具体的な原因を明らかにできません。

そのため、「なんとなく空中戦をしている」といったあやふやな感覚になり、漠然と「頑張りが足りなかった」といった言い訳しか出てきません。

しかし、キーエンスの場合は、顧客の規模別に原因を追究して、お客様から問い合わせがあったものとなかったものとでどのように成果の差があるのかなどまでがわかるようになっています。

つまり、キーエンスの数値化では行動と結果の因果関係を追跡できるほどにプロセスを分解しているわけです。

以上のことから、数値化しているけれども成果が出せていないという企業や組織には2つのタイプがあることがわかります。

一つはKGIを設定してはいるけれども、プロセス分解ができておらず、月次や週

次、日次といったリアルタイムでの追跡ができていないタイプです。

この場合は、いくらKGIを設定していても、行動が伴っていないプロセスを瞬時に捉えることができませんから、行動と結果の因果関係が明らかにできません。

そのため、何を改善すればいいのかわからないままになってしまいます。

そしてもう一つは、プロセスを分解して数値化し、前月や前年同月などとの比較をしているにもかかわらず、数字の結果だけに一喜一憂しているタイプです。

このタイプは、せっかく数字で結果を確認しているにもかかわらず、その因果関係や原因を深掘りできていません。

そのため、目標を達成していないときにもマネジャーがメンバーたちに対して不満をぶちまけて終わりになっており、原因の追究がおざなりになっています。

したがって、せっかく数値化しておきながらPDCAを回せていませんので、全く進歩がありません。

たとえば、売上が目標に到達していなかったのは「面談数が足りなかったからだ」まではたどり着いても、「だから面談数を増やせ！」といった根性論で終わっているのです。

この場合は、なぜ面談数が足りなくなったのか、その原因まで追究しなければなりません。

それはアポの取り方が悪かったのか、そもそも架電数が不足していたのか。ターゲットのミスマッチだったのか、移動効率が悪かったのか。原因を深掘りしていけば、根性論に頼らずとも合理的に問題を改善できるはずです。

このように、数値化を行っているにもかかわらず成果が出せていない企業や組織は、数値化によって課題をあぶり出して改善するという肝心の行為が伴っていません。

チームで実践〝キーエンスの数値化〟

キーエンスではマネジメントにおいても数値化が徹底されていることをお話ししました。

そしてマネジメントにおいて最も危険なことは変化に気づかないことであり、これを回避するためにこそ、数値化によりマネジメントの透明性を確保する必要があることを明らかにしました。

また、数値化しているにもかかわらず成果が出せていない企業や組織においては、数値化の精度が低いことと、数値化で明らかになった変化の原因を追究しきれていないことが問題であることもわかりました。

それではここからは、実際にチームでキーエンスの数値化を実践する手順について見ていきましょう。

マネジメントで実践
「キーエンスの数値化」3つのSTEP
──

個人がキーエンスの数値化を実践する場合には、大きく3つのステップがありました。それは第1章から第3章で説明したように、「行動を見える化」して「行動の量のボトルネック」を明らかにし、そして「行動の質のボトルネック」を明らかにするという3つのSTEPです。

マネジメントにおける数値化の実践もほぼ同じ考え方になります。

マネジメントの数値化が個人の数値化と大きく異なるのは、チーム全体の日次の変化を追跡することです。

たとえば図表49のような折れ線グラフに表して確認します。

図表49 チーム全体のグラフ

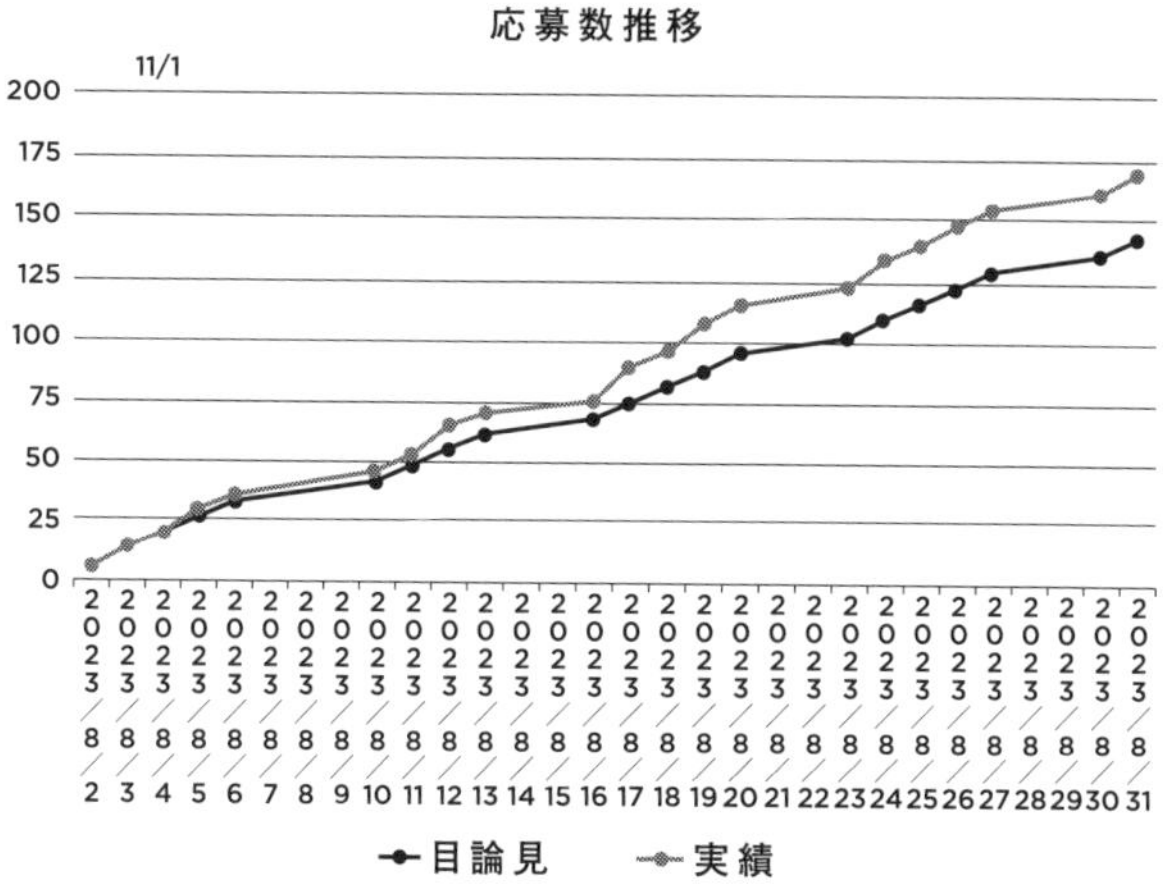

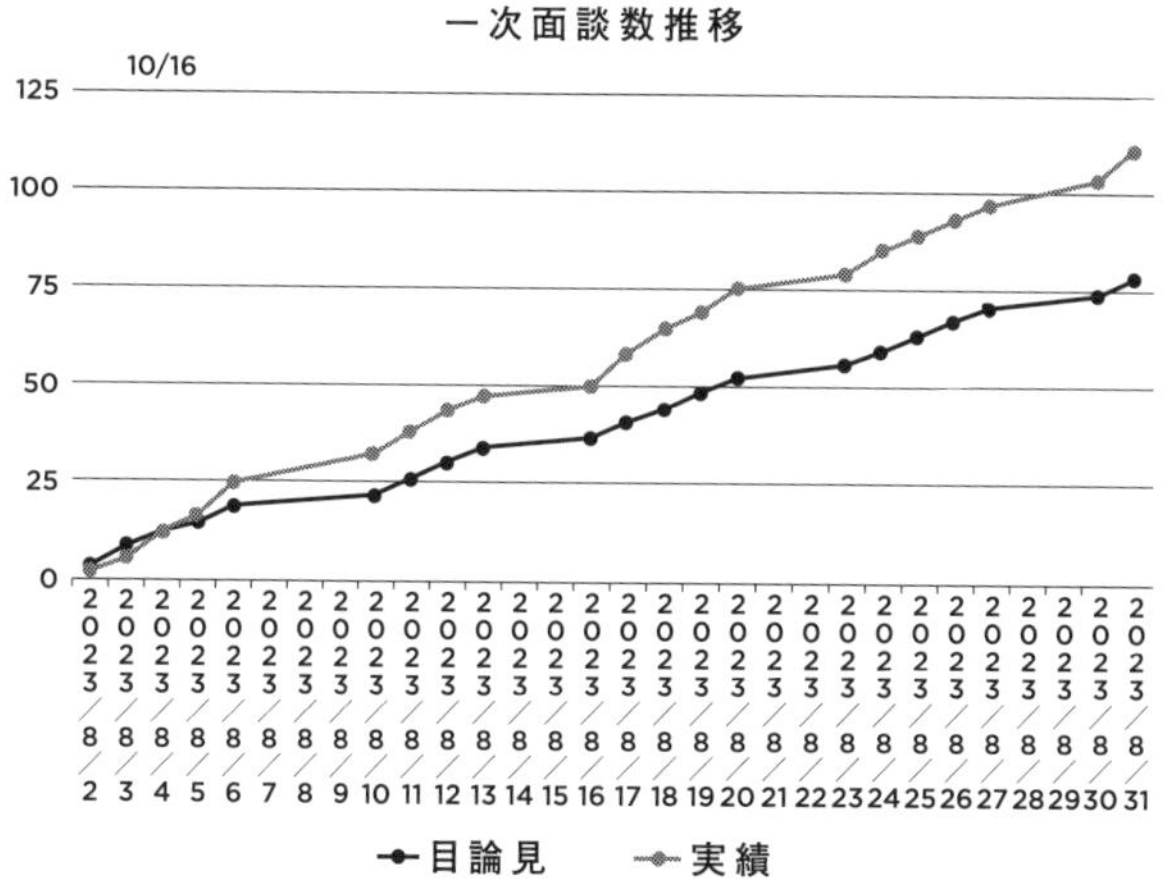

これらのグラフは面談の件数や商談の件数、受注の件数などをモニタリングするために視覚化したものです。

個人で数値化しているときは、日次の記録は個人的な手帳に書き込んだり自分が使用しているパソコンに保存してあるスプレッドシートファイルに入力したりするだけでも有効です。

しかしチームをマネジメントする場合には、メンバーの合計値の進捗状況をリアルタイムで視覚化してモニタリングする必要があります。

そして、計画どおりに達成されていない数値を見つけたら、すぐに改善する必要があります。まず量の面から確認して改善し、次に質の面から確認して改善します。

そのために、チーム内の数字を合計して視覚化するツールの導入が必要になります。スプレッドシートを共有することから始めてもいいですし、ＣＲＭを導入できればより効率よく視覚化できます。

このようにチームの合計数字を確認するためには、チームとしてのＫＧＩとプロセスごとのＫＰＩを設定しておく必要があります。

それがＳＴＥＰ１となります。

チームの合計数字が良好かどうかを判断するためには、目標とするためのチームとしてのＫＧＩと各プロセスのＫＰＩを設定し、それらから、各メンバーが目標とすべきＫＧＩとＫＰＩを割り出しておきます。

ＳＴＥＰ２では、個人の数値化と同様、チームの「行動の量」のボトルネックを見つけ出します。

ボトルネックを見つけ出す方法も個人の数値化と同様で、ＫＰＩに対して実績が乖離していないか、あるいは過去の実績に対して落ちていないかを見ます。

そしてＳＴＥＰ３では、チームの「行動の質」におけるボトルネックを見つけます。

ここでも個人の数値化と同様に、転換率に注目してＫＰＩとの乖離を見つけたり過去の実績と比較したりします。

このように、マネジメントにおける数値化では個人における数値化の手法をチーム全体の数字で確認することになりますので、既に第1章から第3章まで読まれた皆さんには理解が容易だと思います。

それでは各STEPを具体的な数字の例で見ていきましょう。

STEP 1 ――「チームの行動」を見える化する

STEP1では、チーム全体のKGIとKPIを設定します。

チーム全体のKGIは、通常は経営戦略に基づいた会社全体の目標から割り出された数値が各チームに割り振られることになります。

もし会社から割り振られることがなかった場合は、マネジャーが自らチーム全体のKGIとKPIを設定する必要があります。

今期の売上目標と過去のチームの実績から、今期に自分のチームが担うべき数値を

図表50　月次のチームのプロセス目標（営業の場合）

チーム目標＝3000万円/月　商材の単価＝100万円

	DM	電話	アポ	面談	商談化	KGI＝受注件数
合計件数	2,000	2,000	100	100	30	10

図表51　月次のチームのプロセス目標（人事の場合）

	応募	書類選考	一次面接	二次面接	最終面接	内定	KGI＝採用人数
人数	600	425	170	52	26	13	10

割り出して、それを月次のＫＧＩに換算します。

たとえば営業であれば図表50のようになります。

同様に人事の採用であれば図表51のようになります。

これらのチームのＫＧＩとＫＰＩを各メンバーに割り振りますが、このとき、単純にメンバーの数で割れるとは限りません。

たとえば営業であれば、担当しているクライアントの業界や規模、地域によって実際に受注できる件数が異なってきます。

この辺りはマネジャーの判断で調整します。

したがって、ＫＧＩとＫＰＩを各メンバーに割り振る場合は、各メンバーの現在の業務内容と過去の実績を考慮した上で、各自が担えるＫＧＩとＫＰＩの割合を考慮します。

このようにして設定したチームのＫＧＩとＫＰＩが、チームの行動目標となります。

そして、マネジャーはこのチームの行動目標が達成されているかどうかを日々視覚化してモニタリングします。

そのためにも、各メンバーの行動結果は日々記録されて共有されている必要があります。

ここで最初の壁があります。

それは、メンバー全員が毎日行動状況を入力することがなかなか定着しないことです。

忙しさを言い訳にして入力しなかったり、個人的には手帳などに記録していながらもデータ入力はどこかでまとめて行えばいいと考えてしまったりするメンバーが出てくるためです。

このような事態を回避するためには、毎日行動記録を入力することを仕組み化してチームの文化として定着させるしかありません。

たとえば、キーエンスの営業部門では、朝礼でその日の行動目標を入力させて、夕礼で行動結果を振り返りながら入力させる仕組みになっていました。

STEP 2 ── チームの「行動の量」のボトルネックを見つける

STEP1でチームの月次の行動目標を設定しましたので、次に日々のモニタリングを行うために日次の行動目標、つまり日次のKPIを割り出します。

このKPIと実際のチームの行動結果を比較することで、チームの「行動の量」のボトルネックを見つけます。


月次のKGIとKPIから日次のKGIとKPIを割り出すには、営業日数で割る

図表52　日次のチームのプロセス目標（営業の場合）

チーム目標＝3000万円/月　営業日数＝20日

	DM	電話	アポ	面談	商談化	KGI＝受注件数
月次のKPI	2,000	2,000	100	100	30	10
日次のKPI	100	100	5	5	1.5	0.5

図表53　日次のチームの実績（営業の場合）

チーム目標＝3000万円/月　営業日数＝20日

	DM	電話	アポ	面談	商談化	KGI＝受注件数
月次のKPI	2,000	2,000	100	100	30	10
日次のKPI	100	100	5	5	1.5	0.5
10月1日	100	100	3	4	1	
10月2日	90	90	3	4	1	
10月3日	110	110	2	4	1	

だけです。

図表52はSTEP1で設定した月次の行動目標を営業日数で割って日次のKPIを割り出したものです。

この日次のKPIと比較するためにチームの日々の実績を記録していきます。

図表53のような実績が記録されたとき、たとえば10月2日の「DM」と「電話」は90件とKPIの100件を下回っていますので、ここで何が起きたのだろう、と注目します。

この日は「アポ」と「面談」もＫＰＩに達していませんが、これは前段階の「ＤＭ」と「電話」の量が不足していることが原因だと考えられます。

ファネルを思い出していただければ、まずは上流の「行動の量」から対処することが優先されます。

特にチームの場合は、「ＤＭ」や「電話」の量を増やすことは難しくはありません。現に前日と翌日にはどちらもＫＰＩをクリアしていますので、物理的に困難なことはないと考えられます。

一方、「アポ」や「面談」は相手があることですから不確実性が出てきてしまいます。その点、上流の「ＤＭ」と「電話」を増やすことは自分たちが如何ようにも努力することができます。

同様にＳＴＥＰ１で設定した人事の月次の行動目標から日次の行動目標を図表54のように割り出してみましょう。

そしてこちらもチームの日々の実績を図表55のように記録していきます。

図表54　日次のチームのプロセス目標（人事の場合）

	応募	書類選考	一次面接	二次面接	最終面接	内定	KGI=採用人数
月次のKPI	600	425	170	52	26	13	10
日次のKPI	30	21.25	8.5	2.6	1.3	0.65	0.5

図表55　日次のチームの実績（人事の場合）

	応募	書類選考	一次面接	二次面接	最終面接	内定	KGI=採用人数
月次のKPI	600	425	170	52	26	13	10
日次のKPI	30	21.25	8.5	2.6	1.3	0.65	0.5
10月1日	25	20	7	2	1	0	
10月2日	30	20	6	1	0	0	
10月3日	20	8	4	1	1	1	

営業の場合と同様に、KPIと実績を比較します。

すると10月1日と10月3日の「応募」と「書類選考」がKPIに達していないことがわかります。

ただ、人事における「応募」と「書類選考」は、営業における「DM」と「電話」に対して、不確実性が高くなります。

営業における「DM」と「電話」は自分たちの努力次第で量を増やすことが容易ですが、人事における「応募」と「書類選考」は相手があることですので、不確実性が高いのです。

したがって人事における「応募」と「書類選考」を増やすためには、媒体の使い分けの見直しなどを行う必要があります。

たとえばエージェント経由の応募のほうが求人サイト経由の応募よりも割合が大きいのであれば、エージェントの数を増やすことで「応募」と「書類選考」の量を増やせる可能性があります。

このように、「行動の量」を増やすための施策は職種や部門によって柔軟に考える必要があります。

ただし、ファネルの考え方は同じですので、まずは上流から改善していくことがセオリーとなります。

STEP 3 ―― チームの「行動の質」のボトルネックを見つける

STEP3ではチームの「行動の質」のボトルネックを見つけるために、転換率を確認します。

図表56　今日までの数字を追加した表

	DM	電話	アポ	面談	商談化	KGI＝受注件数
月次のKPI	2,000	2,000	100	100	30	10
目標転換率		100%	5%	100%	30%	33%
日次のKPI	100	100	5	5	1.5	0.5
10月1日	100	100	3	4	1	
10月2日	90	90	3	4	1	
10月3日	110	110	2	4	1	
今日までの合計	300	300	8	12	3	
今日までの転換率		100%	3%	150%	25%	

チーム全体の転換率の中で問題があるプロセスを特定できてから、各メンバーの転換率を確認します。

図表56には、ＫＰＩを達成した場合の目標転換率と今日までの転換率を追記しています。

今日までの転換率と目標転換率を比較すると、「アポ」と「商談化」の転換率が低いことがわかります。

そこでまず「アポ」の転換率がなぜ目標転換率より低いのかを考えます。

このとき上流の「ＤＭ」と「電話」の量を見ると、3日の合計は300件とＫＰＩ

をクリアしていたことがわかります。

つまり、上流の「行動の量」には問題がなかったと判断できるので、やはり「アポ」の取り方に問題がありそうだと目処をつけます。

目処をつけたということは「Ｗｈｅｒｅ」が特定できたわけです。

そこで次に「Ｗｈｙ」を掘り下げる必要があるのですが、この段階になりましたら、各メンバーの「アポ」の転換率を確認します。

その結果、たとえばメンバーが３人であったとき、各メンバーの「アポ」の転換率が６％、３％、１％であることがわかったとします。

すると１％だったメンバーの「アポ」の転換率が、なぜ、目立って低かったのかを調べることになります。

その結果、アポを取る際のトークスクリプトが守られていなかったことがわかれば、トークスクリプトを守るように指導する必要があります。

つまり、転換率が低かったメンバーに対して「アポ」の取り方を再教育することが改善方法となります。

しかし、「アポ」の転換率にばらつきが出ていた理由が、各メンバーが担当している企業の規模の違いであることがわかった場合は対処方法が変わってきます。

たとえば転換率が6％だったメンバーが担当している企業は小規模で、3％だったメンバーの担当している企業が中規模、そして1％だったメンバーが担当している企業が大規模だとわかれば、転換率の高い小規模の企業にリソースを集中させることでチーム全体の転換率を高めることができると予想できます。

したがって、この場合の改善方法は、大規模な企業を担当していて転換率1％だったメンバーと3％だったメンバーにも小規模の企業を担当させることになります。

このように、「行動の質」に問題が見られた場合の原因はいつも同じとは限りませんので注意が必要です。

場合によっては原因が複数の場合もあり得ます。

この例で言えば、「アポ」の転換率が低かった原因が該当メンバーのトークスクリプトが正しくなかったのに加えて、担当企業の規模が大きかったためであるとも考えられるのです。

ですから、チームの「行動の質」に問題があった場合の原因追究は、注意深く行う必要があります。単純に転換率が低かったメンバーのスキルの低さや努力不足だと決めつけるのは危険です。

このことから、「行動の質」の改善は「行動の量」の改善よりもデリケートであると言えます。また、マネジャーの仕事や戦略を立てることはリソースを配分することであると言われる理由もここにあります。

営業の場合でも転換率が低かった場合に原因を追究するための切り口は他にもあります。

「アポ」を取った先がこちらから能動的にアプローチしたのか、それとも相手から引き合いが来たのかで転換率が大きく変わってしまうことです。

このことをキーエンスでは「動機と規模」と呼んで区別します。

以上のように、チームにおける「行動の質」の問題の原因追究にはいくつもの切り口があることに留意しておいてください。

――「リソースの配分」に注目する

チームの数値化で問題点を見つけた場合に改善を行うコツは、まずはリソースの配分を検討することです。

その理由は、リソースの再配分であればすぐに実施することが可能だからです。

たとえば、アプローチすべき顧客規模の見直しなどであれば、翌日からでも実行できます。

一方、メンバー一人ひとりのスキルに原因を求めた場合は、教育が必要になりますので改善されるまでに時間がかかります。

研修を受けさせたりスキルの高い人のスキルを学ばせたりする必要があるためです。

ですから、チームの数値化によって問題が発覚した場合は、まずはリソースの配分に問題がないか確認し、リソースの再配分で問題が解消できないかを検討します。

それでも問題が解決しなかった場合は、メンバーのスキルに問題がないか確認して、必要であれば再教育を施します。

つまり、まずは即効性のあるリソースの再配分を検討する。それでダメなら時間のかかる再教育を検討する、という順序で取り組むことを心がけると、チームの生産性を速く高められることが期待できます。

一方、個人で数値化を行って問題を解消する場合には、必ずしもリソースの再配分を優先させることを検討すべきだとは言えません。

なぜなら、個人の場合は一人ですからリソースの配分に原因があることを特定できない場合が多いのです。

たとえばそもそもその個人が大規模の企業だけを担当していた場合、「アポ」の転換率が企業の規模により変わることに気づけません。

これが個人の数値化の限界であると言えます。

しかしチーム全体を数値化して、その数値を俯瞰しながら分析しているマネジャーがいればメンバー間の比較を行えるので、個人では気づけないリソースの配分の問題に気づくことができます。これがチームで数値化を行う強みです。

もう一つ、チームの数値化で注意しなければならないのは、リソースの配分の検討は優先すべきですが絶対に再配分しなければならないわけではないということです。検討した結果、今回は見送るという判断も可能です。

それに対してメンバーの再教育は優先しなかった場合でも、必要が生じた場合は見送ることができません。放置できないのです。

たとえばあるメンバーが電話すると、下手すぎて取れるアポも取れない、かえってチーム全体の転換率が下がってしまうことがわかった、といった場合でも、それなら「君は電話しなくていいから」というわけにはいかないからです。

そのような指導をしてしまっては、いつまでもメンバー数相応の転換率を達成できませんし、できない人はやらなくてもいいとなれば、チーム全体の士気が下がってしまいます。

ですからこの場合は、必ず再教育して戦力に育て上げる必要があります。

個人のスキルやリソースではなく「仕組み」で改善する

STEP3では営業を例に「行動の質」のボトルネックを見つけて改善する方法について説明しました。

そこでは、転換率で見つけたボトルネックをリソースの再配分により改善する例を考えてみました。

そしてその後の項で、チームの数値化で問題点を見つけた場合に改善を行うコツは、リソースの配分を検討することを優先して、その後でメンバーの教育を検討することだと結論づけました。

しかしこのように説明して終えてしまうと、「行動の質」の改善をしようとしたときに、リソースの配分とメンバーの再教育にばかり原因を探してしまうかもしれません。

既にお話ししたように、「行動の質」の改善は「行動の量」の改善よりもデリケートです。

「行動の質」に問題があった場合は、いろいろな原因が考えられるためです。

そこでもう一つ、「行動の質」の改善を「仕組み」で行う例を考えておきましょう。

ここでは人事における採用を例とします。

図表57は、STEP2で人材採用の実績を記録した表に、「目標転換率」と「今日までの転換率」を追加したものです。

「今日までの転換率」の上流プロセスを見ると、「書類選考」の転換率が64％と「目標転換率」の71％に対して大きく乖離しています。

これは「応募」から「書類選考」に進める段階に問題があると判断できます。

つまり、応募者のうち書類選考に進めない人が多いことを示しています。

このときに転換率が低い原因を分析する方法の一つとして、「応募」がエージェント経由なのか求人サイト経由なのかといった媒体別の転換率を確認する方法があります。

もし、エージェント経由で応募した人が「書類選考」に進む転換率が高くて、求人サイト経由で応募した人が「書類選考」に進む転換率が低いのであれば、エージェント経由の応募者を増やすことが改善につながります。

図表57　「目標転換率」と「今日までの転換率」を追加した表（人事の例）

	応募	書類選考	一次面接	二次面接	最終面接	内定	KGI＝採用人数
月次のKPI	600	425	170	52	26	13	10
目標転換率		71%	40%	31%	50%	50%	77%
日次のKPI	30	21.25	8.5	2.6	1.3	0.65	0.5
10月1日	25	20	7	2	1	0	
10月2日	30	20	6	1	0	0	
10月3日	20	8	4	1	1	1	
今日までの合計	75	48	17	4	2	1	
今日までの転換率		64%	35%	24%	50%	50%	

つまり、リソースの再配分です。

しかし、よく考えてみれば、「求人サイト経由で応募してきた人についてもとりあえずは書類選考を行えばいいのではないか」という疑問が生じます。

そこでなぜ求人サイト経由の応募者が書類選考に進めないのかを確認すると、実は求人サイト経由の応募者には希望している条件に当てはまらない応募者が多かったため、書類選考に進めるまでもないと判断していたことがわかったとします。

となると、この場合はそもそも条件に合った応募者が集まりやすい媒体を選んでいないか、求人サイトに掲載した応募要項の内容に不備があることが考えられます。

つまり、「応募」から「書類選考」への転換率が低くなってしまった原因は採用担当メンバーのスキルやリソース配分に問題があったのではなく、応募の「仕組み」に問題があったことになります。

そこでもう一つの可能性として、各メンバーの「書類選考」への転換率を確認したところ、4人のメンバーのうち2人の「書類選考」への転換率が極端に低いことがわかったとします。

この場合は2人の選考スキルが著しく低いのでしょうか。

しかし人材採用においてはスキルの問題だとは考えにくいのです。

つまり、2人のメンバーの審査基準が厳しすぎるのだと考えられます。

すると問題は個人のスキルではなく、審査基準の曖昧さであると考えられます。

どのような応募者を書類審査に進めるのかについての条件が、メンバーによって異なった解釈ができてしまったわけです。

この場合の改善策は、審査条件を見直して、誰が審査しても同じレベルの人材を書類選考に進められるようにより明確な審査条件を規定することです。

つまり、ここでも「仕組み」に問題があったわけです。

スキルの問題の裏に潜む「仕組みの問題」

ここでもう一度、STEP3を思い出してください。

STEP3では「電話」から「アポ」への転換率が低いチームの「行動の質」を改善するために、最初は特に転換率が低いメンバーのトークスクリプトに問題があるとして再教育が必要だと判断しました。

つまり、チームの「行動の質」が下がったのはメンバー個人のスキルに問題があることが原因だと判断したのです。

しかし、前項でチームの「行動の質」が低い場合の原因には「仕組み」の問題が隠れていることがわかりました。

そこで、STEP3でメンバーのトークスクリプトの習得度に問題があるとした結論をもう一度見直してみましょう。
するると、実は「仕組み」に問題があったかもしれないという2つの可能性が浮き上がってきます。

まず一つは、トークスクリプトをきちんと習得できていなかったメンバーがいたことから、研修や教育の「仕組み」に問題があったのではないかという可能性です。
もしも、研修や教育の「仕組み」に問題があったのだとすれば、これを改善しない限り今後もメンバーが増えたり、変わったりした場合には一定数でトークスクリプトを習得できずに「電話」から「アポ」への転換率を下げてしまうメンバーが出てきてしまう可能性があります。

そしてもう一つの可能性は、そもそも「トークスクリプト」のマニュアルに、使う側の裁量や技能で解釈が変わってしまうような曖昧さがなかったかという可能性です。
これもマニュアルの不備という「仕組み」の問題になります。

既に、チームの「行動の質」の原因を検証する際には、まずはリソースの配分が適切に行われているかを確認し、その次にメンバーのスキルを確認するという優先順位が有効であるとお話ししました。

しかしメンバーのスキルに原因がありそうだと判断した場合は、さらにそのスキルの差が研修や教育、マニュアルなどの「仕組み」に原因があるのではないかと疑ってみる必要があるのです。

これらのリソースの配分やメンバーのスキル、仕組みの不備に関する検証を行えるのは、チーム全体を俯瞰できるマネジャーだけです。

よく「仕組みのキーエンス」と言われます。

これは、キーエンスが数値化によって、「仕組み」の改善まで行っていることを示しているためです。

つまり、数値化によって明らかになった問題を一時的な改善だけに活用するのではなく、構造上の改善にまで活用しているのです。

これこそが、チームの数値化が目指すところです。

人を責めるのではなく仕組みを攻めることで、ものごとの根本的解決と再現性を生み出せます。

おわりに

最後までお読みいただきありがとうございました。

多くの人が日々の仕事の結果と自分の行動の因果関係について明確に把握できていないと思います。そのため、「頑張っている割には成果が出ていないな」とか、「頑張れと言われてもどこをどうすればいいのかわからない」などともんもんとされているのではないでしょうか。

しかし、本書を読まれた方は、仕事をプロセスに分解して、各プロセスを数値化することで、プロセスごとの「行動の量」と「行動の質」が明確になることをご理解いただけたと思います。このように数値化することで初めて「何をどのように努力すればいいのか」明確になります。

つまり、効率が良くて効果的でもある打ち手がはっきりと把握できるのです。

効率よく効果的な打ち手がわかると、仕事を改善することが面白くなってきます。これがPDCAを回すことの面白みでもあります。

ともすると、仕事というのは毎日同じことの繰り返しである単純なルーチンワークだと感じるようになってしまい、面白みがなくなってしまいます。それどころか、努力の仕方が明確でなければ成果も上がらずに苦痛にすらなってしまうでしょう。ただただ闇雲な努力を強いられていては疲弊するだけです。

しかし、努力の仕方が明確になり成果が出るようになると、それまで退屈なルーチンワークだと思っていた仕事が、工夫し甲斐のある面白い仕事に変わってきます。

本書が多くのビジネスパーソンに仕事の面白みを再発見する機会を提供し、職場や会社の雰囲気をいきいきとした明るいものに変えることに貢献できれば、著者としては何よりの喜びです。

現在私はアスエネ㈱というクライメートテックのベンチャーで同じような数値化を用いて仕事しています。採用も絶賛募集中なのでぜひご応募お待ちしています。

岩田圭弘

著者略歴

岩田圭弘（いわた・よしひろ）

アスエネ株式会社 共同創業者 兼 取締役COO
慶應義塾大学経済学部卒業後、2009年にキーエンスに新卒入社。マイクロスコープ事業部の営業を担当。2010年新人ランキング1位を獲得。その後、2012年下期から3期連続で全社営業ランキング1位を獲得し、マネージャーに就任。その後本社販売促進グループへ異動、営業戦略立案・販売促進業務を担当。
2015年、三菱UFJリサーチ＆コンサルティングに転職。小売、医薬、建設業界の戦略策定、新規事業戦略策定に従事。2016年にキーエンスに戻り新規事業の立上げに携わる。
2020年アスエネに参画。

数値《すうち》化《か》の魔力《まりょく》

〝最強《さいきょう》企業《きぎょう》〟で学《まな》んだ「仕事《しごと》ができる人《ひと》」になる自己成《じこせい》長《ちょう》メソッド

2023年12月25日　初版第1刷発行
2024年３月３日　初版第4刷発行

著　者　岩田圭弘
発行者　小川 淳
発行所　SBクリエイティブ株式会社
〒105-0001　東京都港区虎ノ門2-2-1
ブックデザイン　小口翔平＋嵩あかり（tobufune）
校　正　ペーパーハウス
D T P　株式会社RUHIA
編集協力　地蔵重樹
編集担当　水早 將
印刷・製本　中央精版印刷株式会社

本書をお読みになったご意見・ご感想を
下記URL、またはQRコードよりお寄せください。

https://isbn2.sbcr.jp/23937/

ISBN978-4-8156-2393-7